DES MÊMES AUTEURS

(Liste non exhaustive)

DOMINIQUE TORRÈS

Esclaves, Phébus, 1996.
Tu es libre, Bayard Jeunesse, 2008.
Lila, être esclave en France et en mourir, en collaboration avec Jean-Marie Pontaut, Fayard, 2009.

JEAN-MARIE PONTAUT

Chez le même éditeur, avec Éric Pelletier :

Chroniques d'une France occupée – Les rapports confidentiels de la gendarmerie – 1940-1945, 2008.
L'Affaire Merah, 2012.
Qui a tué le juge Michel ? 2014.

Chez d'autres éditeurs :

Enquête sur les mystères de Marseille, en collaboration avec Jacques Derogy, Robert Laffont, 1984.
Enquête sur trois secrets d'État, en collaboration avec Jacques Derogy, Paris, Robert Laffont, 1986.
Investigation, Passion – Enquête sur 30 ans d'affaires, en collaboration avec Jacques Derogy, Fayard, 1993.
Les Oreilles du Président, suivi de la liste des 2 000 personnes « écoutées » par François Mitterrand, en collaboration avec Jérôme Dupuis, Fayard, 1996.
Demi-lune (roman), Fayard, 2005.
Règlement de comptes pour l'Élysée – La manipulation Clearstream, en collaboration avec Gilles Gaetner, OH ! Éditions, 2006.

Jean-Marie Pontaut et Dominique Torrès

UN SI CHER AMI

Michel LAFON

À l'attention de nos lecteurs
Les auteurs, ouvrages et journaux cités au fil du texte sont répertoriés pp. 293-295, avec le numéro des pages où chacun d'eux est évoqué dans ce livre.

118, avenue Achille-Peretti – CS70024
92521 Neuilly-sur-Seine Cedex

www.michel-lafon.com

– 1 –

« L'ÉPOUILLEUR » DU STALAG IXC

Comment Roger-Patrice Pelat a-t-il obtenu dans ce camp de prisonniers en Allemagne, en 1940, le poste d'épouilleur ? L'histoire ne le dit pas. Une chose est sûre, il est taillé pour le rôle. Au physique comme au moral. À vingt-deux ans, c'est déjà une graine de chef.

Il faut dire que ce travail demande un savant dosage d'autorité et de bonhomie, des muscles et de la voix, du tact mais aussi un réel sens de l'organisation. On doit manier deux cent soixante hommes, tous récalcitrants à se dévêtir, à se savonner à la chaîne, puis à passer par groupes de vingt sous une rangée de douches, pendant trois minutes, pas une de plus, juste le temps nécessaire pour se décrasser, sans le plaisir d'un moment revigorant et salutaire. Après quoi ils attendent, dégoulinants, les uns devant les autres, que leurs habits soient passés à l'étuve.

De surcroît, les clients de Patrice ne sont pas des plus commodes. Le jeune homme doit gérer notamment une bonne soixantaine d'instituteurs et une vingtaine d'ecclésiastiques. Les premiers ont appris à se rebiffer grâce à « l'éducation gratuite, laïque et obligatoire », les seconds, grâce au Ciel et au sens du sacrifice. Sans parler de l'arrivée d'une bonne flopée de prisonniers – juifs d'Europe centrale pour la plupart – passés par la Légion étrangère et au sang chaud. Des durs à commander pour un novice, même s'il possède déjà une expérience militaire.

C'est à Thuringe, au kommando 1515, près de la petite ville de Schaala (à deux cents kilomètres de Berlin) qu'est détenu le soldat Pelat, capturé, comme tant d'autres, le lendemain de l'armistice, le 23 juin 1940. Le camp est logé dans une ancienne faïencerie. Même s'il n'a pas la réputation d'être l'un des plus pénibles, la vie n'y est pas facile tous les jours. On ne meurt pas de faim mais on a faim. On ne meurt pas de froid mais on se gèle. Ce n'est pas un camp de concentration avec les horreurs dont personne ne parle encore, c'est un camp de prisonniers. Ici, plus de trente mille hommes s'entassent péniblement, en attendant la fin de la guerre et en rêvant d'évasion, même si bien peu tenteront de s'enfuir. Jamais la vie d'avant n'a paru plus belle et plus désirable. Et ce n'est pas le menu « ordinaire » qui dissipe la nostalgie : « Boule de pain compacte pour six personnes, quarante grammes soit de margarine, soit de mélasse, soit de purée de poissons. Soupe claire à midi, à base de millet, pommes de terre, rutabagas et petits dés de viande délavée. Dimanche, soupe aux choux rouges », selon la description d'un ancien prisonnier.

Le kommando 1515 se taille vite la réputation de « groupe des intellectuels », ce qui, dans le langage des stalags, n'a rien d'un compliment. Selon les normes allemandes, nos intellos effectuent un travail dit « léger ». Il s'agit de travaux de voirie, de nettoyage, de bottelage de foin et de paille. Un travail dur et monotone dont on ne voit pas le bout. C'est pourtant dans ces conditions extrêmes que l'homme se révèle et que se nouent les amitiés les plus profondes et les plus tenaces. Et c'est là que la vie de Patrice Pelat va être complètement chamboulée.

Le « prolo » parisien, qui s'est taillé une place de choix dans cet univers en suspens, va faire la rencontre d'un jeune blanc-bec, étudiant « catho » féru de littérature, un certain François Mitterrand. Issu de la bourgeoisie de province, ce garçon, apparemment fragile, compense son manque d'endurance physique par de l'esprit et un ascendant évident sur les autres. Et alors que tout devrait les séparer, tout les rapproche. Pelat est beau. François est séduisant. Chacun admire chez l'autre ce qui lui fait défaut. Patrice n'a pas fait d'études, mais il se montre courageux, vif, malin, intrépide, débrouillard et jamais à court d'idées. Une sorte d'incarnation rêvée de la France du Front populaire.

Pourtant, au début, le côté cérébral et réfléchi de François désarçonne un peu Patrice. Jusqu'à ce jour de novembre 1940 où Pelat écoute, médusé, ce premier de la classe qui sait si bien trouver le mot juste pour exprimer ce que lui et ses camarades ressentent au fond d'eux. François parle et Patrice découvre la dimension politique de son copain. Le dur à cuire est d'autant plus ébloui que François tient précisément le discours qu'il rêve d'entendre : « Il faut qu'on mette sur pied quelque chose, lui dit soudain Mitterrand, selon Franz-Olivier Giesbert. Les prisonniers, s'ils se réunissaient dans une même organisation, pourraient constituer une force formidable. Nous avons tous été formés à la rude vie des camps, nous sommes décidés à nous battre jusqu'au bout. Notre mouvement préparerait les évasions et coordonnerait le sabotage à tous les échelons. Quand on se sera évadés, on organisera ça, n'est-ce pas. » Ce n'est pas une question qu'il lui pose, c'est un idéal qu'il propose. Un programme de vie. Un nouveau monde s'ouvre devant Patrice, avec mille perspectives inespérées.

À partir de cet instant, Patrice entrevoit ce que pourrait être l'après-guerre, un avenir se dessine en pointillé autour de la personnalité de ce François visionnaire et charismatique. Mais quelle sera sa place à lui ? Il comprend que François aspire à la politique et au pouvoir tandis que lui se contenterait volontiers d'une vie excitante et aisée. Ce que ni l'un ni l'autre n'imaginent à ce moment-là, c'est qu'ils vont réussir, chacun dans son domaine, bien au-delà de leurs espérances…

Dorénavant, les deux prisonniers deviennent inséparables. Au camp, les qualités de Patrice permettent à François de tenir le coup. L'ouvrier va être d'un soutien sans faille contre la faim, le froid, la déprime. Il va jusqu'à porter son ami quand celui-ci a les pieds à moitié gelés. Avec une force de vie et une bonne humeur gourmande qui ne s'effaceront jamais.

Pour distraire ses camarades, Pelat a inventé un cri de guerre, un cri de ralliement lié à ses origines bretonnes, « Auskeneguenewo ! », censé passer pour un bredouillage en allemand et qui laisse les gardiens interloqués. Mitterrand se délecte de ses plaisanteries. Autre point en commun, les deux hommes ont eu chacun une douce amie qui les attendait à l'arrière et qui d'ailleurs les attendit de moins en moins : « Je me suis enfui pour retrouver la fille que j'aimais et quand je suis arrivé à Paris, elle m'avait plaqué pour un type qui s'appelait Plat ! », raconte Pelat, évoquant sa première tentative d'évasion. Mitterrand, qui a vécu la même mésaventure, au même moment, pouffe de rire. Mais en réalité, les deux compères trouvent ces infidélités beaucoup moins amusantes que les farces qu'ils en font, et l'étudiant, qui se voyait déjà fiancé avec la jeune blonde au visage radieux, vit sa première douleur amoureuse.

En 1947, dans une conférence intitulée, à la façon d'un cours de sciences naturelles, « Leçons de choses de la captivité », François Mitterrand exprimera ce qu'il a retenu de cette expérience des camps : « Il y avait ce geste de prendre un couteau, de partager une croûte de pain en six parts égales […] Il est intéressant de noter que ce partage du pain, que ce partage de la soupe, opérations infiniment modestes, anodines vues de l'extérieur, ont révélé les hommes à eux-mêmes. Ceux qui, après six mois ou une année, ont pu tenir à ce régime, ont pu rester les chefs désignés par la masse. Il leur fallut une dose d'autorité et de justice, et aussi de patience, difficilement concevable. »

Jamais, dans ce texte grave, le nom de Pelat n'est prononcé, mais, sans l'ombre d'un doute, c'est à l'ami Patrice – qu'il appellera toujours Pat – que ces paroles sont dédiées.

Pour sa part, Patrice Pelat aimera à raconter toute sa vie : « Quand on s'est épouillés mutuellement, on est plus que des amis, on est des frères ! »

– 2 –

JEUNESSE COMMUNISTE

Il y a des histoires magnifiques qui collent à la peau des familles et se transmettent de génération en génération, si bien qu'on ne sait plus si elles sont vraies, un peu embellies ou carrément inventées. Finalement, ce n'est guère important car elles ont le pouvoir de forger de petites légendes et de souder les liens.

Chez les Pelat, l'histoire que la famille chérit par-dessus tout est le récit des deux frères, de neuf ans et sept ans, trop pauvres pour se payer des chaussures et marchant les pieds entourés de tissu. Puis s'ajoute à ce conte une suite édifiante : Pour se rendre à l'école l'aîné, Roger-Patrice, le gamin au grand cœur, transporte sur son dos, en plein hiver, son petit frère Jean. Le fond de cette rengaine, imaginée ou non, dit en tout cas une vérité : celle de la misère. Car Patrice – le prénom « Roger » disparaîtra peu à peu – est né dans un milieu pauvre, réellement très pauvre.

De Paul, le père, mécanicien, on sait seulement qu'il a été trépané dans les Flandres au début de la guerre de 1914 et qu'il sera longtemps malade, toujours fatigué.

Angèle, la mère, est le pivot de la famille. Une femme forte, à la tendresse rugueuse. Une Bretonne à qui il ne manque que la coiffe.

Ses deux fils l'adorent. Elle vit à deux pas de Paimpol, en pleine campagne, dans une petite maison typique du coin : une salle à vivre, une chambre de chaque côté du couloir. Et une cave, qu'elle aménagera plus tard pour recevoir Jean qui passait souvent la voir. Elle refusera toujours de se séparer de sa maison, enracinée dans sa terre comme dans ses convictions. Angèle est une de ces communistes pures et dures qui écoutaient tous les matins Radio Moscou « pour connaître la vérité ». Une lectrice acharnée de *l'Huma.* Longtemps, même après le discours de Khrouchtchev sur la déstalinisation et après la Hongrie, même après la chute du mur de Berlin et la fin du rêve soviétique, elle continua d'y croire, Angèle. Jamais elle ne se reniera, faisant partie du dernier carré des communistes, ceux qui avaient la foi du Grand Soir chevillée au corps.

Le Finistère, on l'oublie, a été l'une de premières régions rouges de France. Avant la guerre de 14, la jeune femme monte à Paris pour chercher du travail. Elle doit quitter Paimpol où le chômage est endémique. Aller vivre ailleurs est la seule chance de survivre. D'ailleurs, après la guerre, elles seront bien nombreuses, les Bretonnes, à partir « faire la petite bonne » dans les grandes villes. Angèle échappe tout d'abord à cette fatalité en trouvant du travail aux usines Citroën. Mais la forte tête sera rapidement renvoyée pour avoir mené une grève. Du coup, désemparée, elle se fait engager comme domestique dans une famille à peine plus aisée que la sienne, chez les Pelat. La guerre terminée, Angèle se marie avec Paul, grièvement blessé.

Et où choisissent-ils d'aller habiter ? Précisément à Boulogne-Billancourt, dans le fief de la classe ouvrière, près de la Régie Renault, le cœur battant de la future révolution populaire. Le couple s'installe dans un modeste immeuble en briques rouges à quatre étages, rue de la Saussière. Une petite voie qui longe, encore aujourd'hui, l'imposante et prospère mairie de Boulogne. Roger-Patrice voit le jour le 31 juillet 1918, à l'hôpital de Saint-Cloud, quelques mois avant l'armistice. Son frère Jean le suit deux années plus tard.

À Boulogne aussi, les Pelat ont du mal à joindre les deux bouts. Pour faire vivre la famille, Angèle fait des ménages. Puis elle trouve un travail d'ouvrière dans une blanchisserie industrielle. Mais, en 1930, devant la santé déclinante de son mari, elle doit se résoudre à demander l'aide de l'État. Patrice va avoir douze ans et son frère Jean dix lorsqu'ils deviennent pupilles de la Nation, « adoptés par la République », comme on dit, en raison de l'infirmité du père. Une faible rente est versée aux parents, mais c'est mieux que rien lorsqu'on n'a rien.

Patrice, lui, quitte l'école un an plus tard, à l'âge de treize ans. Il fait toutes sortes de petits métiers, parfois pendant seulement un jour ou deux : peintre en bâtiment, chanteur de rue, garçon de café… Puis il devient apprenti dans la très élégante Boucherie

Saint-Germain, dans le VIIe arrondissement, au coin de la rue de Bellechasse et du boulevard Saint-Germain. Le jeune homme découvre les beaux quartiers et apprend à parler à une clientèle haut de gamme. Mais la boucherie n'est pas sa voie. Il restera néanmoins en très bons termes avec son patron, qu'il sollicitera même pendant la Libération de Paris afin de se procurer de la viande pour la Résistance.

À seize ans, Patrice monte sa propre « entreprise » de nettoyage de vitres. Il traverse Paris à vélo, ses brosses et ses chiffons accrochés sur le porte-bagages. Il rêve d'indépendance, de réussite sociale, comme les bourgeois qu'il a côtoyés rue de Bellechasse. Patrice veut se tailler une belle situation et bien gagner sa vie. Pour réussir, l'adolescent est conscient qu'une cagnotte et des relations haut placées seraient bienvenues. Or pour l'instant il n'a pas le premier sou, ni le premier contact.

Mais le jeune garçon a une foi inébranlable en son destin et de l'énergie à revendre. Seulement le « marché des vitres » est très encombré et la concurrence trop rude… Alors, changement de cap, Patrice renoue avec l'idéologie familiale. Il franchit, le 8 octobre 1935, le grand portail des usines Renault, en face de la Seine, où il est engagé comme commis. Le bas de l'échelle mais un réconfort pour sa mère. Angèle est soulagée que son aîné ait décroché un travail stable. Elle se fait davantage de soucis pour le petit Jean. Le plus jeune de ses fils est la gentillesse même mais il n'a ni la niaque de Patrice, ni son bagout, ni d'ailleurs son charme ravageur qui plaît tant aux filles. Si Angèle n'a pas, à proprement parler, de préférence pour Jean, elle le protège et le protégera toute sa vie. Jean reste dépendant des conseils maternels, tandis que son frère est déjà un petit homme indépendant, un tourbillon qui ne compte que sur lui-même.

Patrice entre chez Renault au moment où la classe ouvrière gronde. Une période incroyablement attirante pour un jeune épris d'action. Les communistes sont à la pointe du combat et tout naturellement Patrice s'inscrit aux Jeunesses communistes.

Une année plus tard c'est le déferlement du Front populaire.

Écrire l'Histoire en ébullition est grisant. Patrice s'y jette voracement et s'en donne à cœur joie. Participer, agir, si possible commander, il est à son affaire. On le vérifiera à nouveau lors de la Libération de Paris, où il va déployer des trésors d'ingéniosité et aussi bien s'amuser... Mais pour l'heure, il apprécie les drapeaux rouges flottant au vent, les chants révolutionnaires criés à tue-tête, les veillées entre camarades, la fierté de la mère Angèle... Le voilà en première ligne. D'abord pour obtenir deux semaines de congés payés, puis les quarante heures.

Patrice participe donc à la lutte ouvrière et oublie un temps ses ambitions personnelles. Surtout qu'en juillet 1936 surgit une cause qui fait battre le cœur. La guerre civile espagnole éclate. Tous les militants de son âge sont tentés de s'engager dans cette bataille, vécue comme un prolongement des combats ouvriers français. La droite est contre l'intervention. Le gouvernement socialiste, dirigé par Léon Blum, n'obtient pas la majorité et, paralysé, ne peut intervenir. Il ne reste que le Parti communiste qui mobilise ses troupes, à l'instigation de Moscou.

Sous l'égide du Kominterm et du PCF, on recrute les premiers membres des Brigades internationales qui vont aller combattre en Espagne contre les nationalistes. La France va fournir le plus gros bataillon de volontaires. Mais il faut avoir vingt et un ans – la majorité à l'époque – pour partir se battre, à moins d'avoir l'accord parental. Patrice obtient assez aisément la signature d'Angèle. La mère ne bronche pas : au fond d'elle, comment ne pas approuver un départ pour une aussi noble cause ? Paradoxalement, Patrice lui promet de revenir « au volant d'une belle voiture » ! Comme si tous ses désirs se brouillaient : se battre pour la justice et devenir riche. Tout semble possible au jeune Pelat qui ne sera jamais à une contradiction près.

Beaucoup plus tard, quand l'ami de Mitterrand se retrouvera en première page des journaux et que sa vie sera scrutée à la loupe, certains s'interrogeront sur cet engagement. Pelat n'aurait-il pas inventé cet épisode romanesque ?

Les premières démarches que nous avons faites à ce sujet ne plaident pas en sa faveur. Son nom n'apparaît pas dans les listings d'Amis des combattants en Espagne républicaine, l'ACER. Pendant des années l'organisme a recensé scrupuleusement les combattants du conflit espagnol. Claire Rol-Tanguy, la fille du leader communiste mythique Henri Rol-Tanguy, ancien de la guerre d'Espagne qui a signé l'armistice de 1945, est formelle : « 98 % des combattants français se trouvent dans nos fichiers. » Mais aucune trace de Pelat.

Petit tour aux archives du Bureau de la documentation internationale contemporaine (BDIC), à Nanterre. Ici encore, chou blanc : son nom ne figure pas dans la liste des volontaires français partis entre 1937 et 1938. Ces archives manuscrites, qui défilent à présent sous forme de microfilm, ont longtemps appartenu aux Soviétiques, elles sont très complètes et instructives. Elles contiennent des annotations personnelles, parfois amusantes, sur les engagés, celui-ci est un « tire-au-flanc », celui-là « peut mieux faire », mais toujours point de Patrice.

À ce stade, on serait en droit de commencer à sérieusement douter de son engagement espagnol. Mais une recherche effectuée dans les archives de l'usine Renault lève un coin du voile. Celles-ci révèlent que le jeune Pelat a quitté l'usine le 22 septembre 1936 (peu après ses dix-huit ans), précisément le mois où débute à Paris le recrutement de volontaires pour les Brigades. Près de dix mille Français y partiront tout au long de la guerre. Nombreux sont les jeunes ouvriers qui viennent de chez Renault.

Mais où Patrice est-il allé précisément ? Mystère.

Une certitude pourtant : il réapparaît dans les registres de l'usine le 30 mars 1937, six mois plus tard. Il est réengagé comme ouvrier spécialisé à l'atelier 273. Il est donc probable que le jeune commis a bel et bien gagné l'Espagne. La question n'est plus de savoir s'il est parti, mais ce qu'il a fait pendant ces quelques mois. Et pourquoi est-il rentré si tôt ? Impossible, bien sûr, de recueillir des témoignages directs. Mais étrangement, personne ne se souvient de lui sur place, et ce qu'il racontera à sa famille par la suite demeure très vague. En tout cas, une chose paraît certaine : si Renault réengage le jeune ouvrier sans sourciller, après six mois d'absence, c'est évidemment avec l'aval des syndicats et des communistes, tout-puissants dans l'usine ces années-là. Cela signifie qu'il n'avait pas démérité à leurs yeux, qu'ils le considèrent encore comme un des leurs.

En tout cas, son absence de France correspond aux dates de la féroce bataille de Madrid, où les Républicains ont réussi à tenir tête aux militaires aguerris de Franco. Des ouvriers de chez Renault ont effectivement participé à ce siège. Dans *L'Espoir*, André Malraux décrit d'un style flamboyant leurs premiers combats. Il fait parler Siry, un jeune combattant des Brigades internationales, arrivé depuis quinze jours : « Partout autour de lui, debout, couchés, ou morts, visant, tirant, visant-tirant, il y a ses copains d'Ivry et les ouvriers de Grenelle, ceux de La Courneuve et ceux de Billancourt. Les immigrés polonais, les Flamands, les proscrits allemands, des combattants de la Commune de Budapest, les dockers d'Anvers – le sang délégué par la moitié du prolétariat d'Europe. »

Patrice Pelat faisait-il partie des ouvriers de Boulogne-Billancourt dont parle l'écrivain ? Il n'a pas été blessé à Madrid, n'a laissé aucun souvenir. Mais il affirmera toujours avoir rencontré André Malraux au moment de son épopée espagnole. Pure forfanterie de sa part ? Pas si sûr. Car, bien plus tard, quand Pelat commencera à s'installer dans une vie dorée sur tranche, l'auteur de *L'Espoir* sera son témoin de mariage à la mairie de Neuilly.

Mais bientôt, la période ouvrière et communiste de Patrice s'achève. Il n'y reviendra plus jamais.

– 3 –

LA GUERRE

Patrice est incorporé le 2 septembre 1938, pour son service militaire. Il est costaud et n'a pas froid aux yeux. Avec tous les métiers qu'il a enchaînés depuis sept ans, le gavroche a tâté de la vie d'adulte et de surcroît, il possède sans doute l'expérience du combat acquise en Espagne.

Il débute sa carrière militaire au 37e régiment d'infanterie de forteresse (RIF), près de Bitche, en Moselle. C'est le régiment où a été également incorporé Jacques Chaban-Delmas. Pelat se fait rapidement remarquer par son audace et son courage. En août 1939, il rejoint une nouvelle unité, le 165e RIF, créé pour sélectionner les meilleurs éléments, les corps francs, formés pour monter des opérations commandos. Ils seront d'ailleurs parmi les rares soldats à poursuivre le combat durant la drôle de guerre. Pendant l'hiver 1939, vêtus de vestes en peau de mouton retournée, ils accrochent régulièrement les Allemands. Patrice y fait, semble-t-il, merveille – comme il s'en vantera par la suite. Volontaire pour toutes les opérations.

Quand la « vraie guerre » commence, le jeune Pelat monte au front. Il est blessé à l'œil en mars 1940, à Wingen, dans le Bas-Rhin. Il continue néanmoins à combattre puis, comme toute l'armée française, bat en retraite…

L'armistice est signé le 22 juin 1940. Patrice vient d'échouer à Dabo, une petite ville du Bas-Rhin. Il est capturé par les Allemands, comme près d'un million huit cent mille militaires, tous abattus, humiliés, en débandade. La majorité d'entre eux vont être expédiés dans des camps de travail en Allemagne. Pour la plupart, ils y resteront quatre ans, trimant dans les usines et les fermes pour remplacer les soldats allemands partis sur le front. (À part une poignée qui réussira à s'enfuir et à rentrer au pays.) Pendant quinze mois Patrice ne va rêver que de se faire la belle. Mais entre-temps, au stalag IXC, une rencontre a déjà modifié son destin.

Au camp, un noyau dur se forme spontanément autour de lui. Dans cet univers clos, les affinités littéraires, sociales ou politiques deviennent secondaires, elles ne sont plus que les souvenirs d'une existence mise entre parenthèses. Ici on est jugé sur ses capacités à ne pas plier, à refuser l'humiliation, beaucoup plus que sur ses titres ou ses biens. Et, très vite, une petite bande hétéroclite se forme autour du jeune ouvrier, un groupe soudé qui résistera plus tard à tous les aléas et les vicissitudes de l'existence. Chacun impressionne les autres. Patrice, la boule d'énergie, est le boute-en-train de l'équipe. Jean Munier, l'ingénieur, fils d'un viticulteur de Bourgogne, en impose par son calme, son intransigeance et son sang-froid. Bernard Finifter décroche le rôle de l'indispensable « cœur d'or ». D'ailleurs, la direction du camp nomme ce Juif russe interprète du kommando, car cet aventurier parle quatre langues, le français, l'allemand, mais aussi le polonais et le russe. Bien pratique pour gérer la population bigarrée d'un camp d'internement. Et enfin, pour compléter le groupe, nous avons le littéraire, bourgeois de province, imposant par sa volonté et son intelligence, François Mitterrand.

Pour Patrice, chacun de ces nouveaux copains est unique, bien loin des militants du PC avec leurs discours formatés. C'est la première fois qu'il voit quelqu'un « conceptualiser » comme le fait François. Sans parler des ecclésiastiques qui gravitent autour de son nouvel ami et qui, là encore, ne correspondent certainement pas à l'image du prêtre borné qu'on a dû lui servir au Parti. Et que dire de Bernard ? C'est probablement le premier Juif qu'il rencontre, bien loin des stéréotypes véhiculés à l'époque, même dans la classe ouvrière.

La vie de Finifter est déjà un roman. À la déclaration de la guerre, il était à Berlin, à la tête d'une entreprise de textile pendant la journée, et boxeur le soir… Conscient du danger pour un Juif de rester en Allemagne, il se cache à Hambourg dans la cale d'un bateau danois en partance pour New York et, manque de veine, le capitaine ne le laisse pas descendre et le ramène à Hambourg. Un autre en serait dépité. Mais Bernard est de cette trempe que rien n'arrête et que rien ne décourage. Après moult péripéties, il réussit à gagner la France et s'engage, en 1939, dans la Légion étrangère. Il s'est bien battu. Il est décoré. Mais il échoue en même temps que Patrice et François au stalag IXC à Schaala.

Cet été 1940, dans ce camp au centre de l'Allemagne, Bernard a tout pour plaire à Patrice. Comme lui il est intrépide. Comme lui il est coriace et il ne se plaint jamais. Sa nièce, Colette Finifter, le décrit aujourd'hui avec tendresse : « C'était un homme petit, trapu, coquet, sportif »… et de poursuivre : « Bernard a toujours été joyeux, énergique… et fier de lui ! » Sa générosité est légendaire dans le camp. C'est le prototype du bon camarade qui ira jusqu'à chaparder pour vous obtenir quelques douceurs. Le type toujours prêt à rendre service, jamais mesquin, jamais aigri.

Comme Patrice, il n'a pas l'intention de passer le reste de la guerre à moisir en Thuringe. Très vite, les deux prisonniers, l'ouvrier de chez Renault et l'ancien boxeur russe, élaborent des plans d'évasion. Contrairement à bien d'autres, ils n'ont pas peur des représailles en cas d'échec. Ils ne craignent ni la prison, ni les travaux les plus pénibles, voire le renvoi vers une autre destination bien pire que celle-ci… À vrai dire, Patrice et Bernard n'y songent même pas, ou alors ils balayent cette pensée désagréable. Ils ont confiance en leur bonne étoile qui les a fait se rencontrer. Ils sont tous deux persuadés d'être bientôt en France, voilà tout. Pourtant Patrice a déjà échoué une fois et sait ce qu'il en coûte. Il a purgé sa punition dans un camp pour indociles, avant d'être renvoyé au stalag IXC. De plus, ils ne sont pas du genre à élaborer des projets d'évasion compliqués, ils sautent plutôt sur l'occasion quand elle se présente. Les rois des plans mal ficelés... C'est ainsi qu'ils piquent deux vélos, pensant rallier de cette façon plus rapidement la frontière suisse, distante de six cents kilomètres. Mais leur équipée pittoresque n'échappe pas à un agent de la circulation allemand et, cette fois-ci, les deux compères sont expédiés au sinistre camp disciplinaire d'Apolda.

Après ces deux tentatives avortées, Patrice se tient tranquille. Ou, en tout cas, fait semblant. Un jour, les gardiens réclament un prisonnier qui vient de la campagne, sait soigner les bêtes, manier la charrue et la fourche... Patrice lève immédiatement la main sans réfléchir, persuadé que cette affectation champêtre est un bon présage. Comme il aime les travaux de force et qu'il a besoin de se dépenser physiquement, les paysans qui l'emploient considèrent rapidement l'ouvrier de Billancourt comme un des leurs. Il devient même mécano-soigneur, ce qui signifie que les fermes des alentours n'ont plus de secret pour lui. Il sait maintenant soigner les animaux et réparer les tracteurs... Puis, un beau jour, plus de *bauer* ! Le paysan s'est envolé. Nous sommes le 23 octobre 1941. Patrice a filé, sans même prévenir les copains, profitant d'un camionneur croisé sur la route qui, ô miracle, n'apprécie pas trop Hitler. L'Allemand, décidément bien intrépide, le cache dans un premier refuge, puis chez des proches. La famille qui le reçoit lui donne même un peu d'argent, quelques vêtements et un précieux billet de train pour Munich. De là, il gagne le Tyrol où il atteint Bludenz, en Autriche, au pied des Alpes, aux abords de la frontière suisse.

Encore une fois cette histoire de belle fraternité franco-allemande paraît si peu croyable qu'il est difficile d'y adhérer sans hésitation. Pourtant, aujourd'hui, la secrétaire particulière de Pelat est formelle : pendant des années, à chaque Noël, elle a envoyé des mandats à une famille allemande demeurée près de Thuringe. Une famille qui avait « aidé monsieur Pelat dans sa fuite du camp », précise-t-elle. Son patron aurait même, longtemps après la guerre, rendu visite à ces amis en Allemagne de l'Est. Comme quoi, avec Pelat, la réalité est parfois plus belle que la fiction ! Quand il n'emmêle pas trop les deux…

Donc, Patrice franchit la frontière suisse « dans la neige et le froid et en chaussures de ville, en traversant une montagne de deux mille mètres d'altitude ». C'est en tout cas ce qu'il racontera à Pierre Péan. Enfin en pays neutre, il s'empresse de prévenir la famille allemande qui l'a hébergé pour qu'elle indique le chemin de la liberté à son pote Bernard, resté derrière et qui trépigne.

*

* *

François Mitterrand, qui lui aussi trépigne, va enfin réussir sa troisième et dernière évasion. Il faut avouer que la précédente a été catastrophique. Le 5 mars

1941 François, accompagné d'un de ses copains prêtres, l'abbé Leclerc, curé de Saint-Pourçain-sur-Sioule, s'est enfui avec la complicité du fidèle Jean Munier, l'ingénieur, lequel avait caché leurs affaires personnelles dans des bottes de foin pour qu'ils puissent les récupérer en chemin. Jean les a aidés ensuite à se glisser sous les barbelés. En 2007, à la fin de sa biographie, *Le Livre de ma mémoire*, Danielle Mitterrand interroge Jean Munier sur cette évasion et sur la Résistance. Elle pense sans doute que la postérité aura besoin du témoignage de cet homme intègre qui a si bien partagé une partie des combats de son mari.

Munier reconnaît qu'il a payé très cher la complicité apportée aux deux fuyards. Il a été obligé de vider le fond d'une fosse septique avec une pelle et un seau, « pieds nus dans la merde ». Puis, il a été mis sur « le marché des esclaves », où les paysans nazis pouvaient choisir leur main-d'œuvre gratuite. Celui qui jette son dévolu sur lui, « un sale type qui maltraitait ses bêtes », lui déclare que l'esclavage des Français « va durer mille ans »... Un rayon d'optimisme !

En fait, Jean Munier sera le seul de la bande à rentrer en France officiellement, comme prisonnier d'honneur en quelque sorte. Lors d'un bombardement, Jean sauve trois civils, coincés sous les décombres, une femme et deux enfants allemands. Pour le récompenser de sa bravoure, les officiels nazis, poussés par la population reconnaissante, lui offrent, ainsi qu'à son copain Manière, le deuxième héros de cette aventure, des papiers dûment tamponnés et paraphés des hautes autorités de la Wehrmacht. Et le 16 décembre 1942, les deux ex-prisonniers rentrent chez eux couverts de louanges. Des années plus tard, Jean aura toujours son sauf-conduit sur lui dans son portefeuille, en porte-bonheur.

Mais François, lui, n'est pas sorti d'affaire. Plus tard, il livrera en détail à Pierre Péan toutes les péripéties de cette tentative de fuite.

L'abbé Leclerc et lui vont marcher vingt-deux nuits, couvrant cinq cent cinquante kilomètres ! Ils parviennent enfin à une trentaine de kilomètres de la frontière suisse et doivent souffler un peu. Le curé est malade. « Son compagnon le soigne de son mieux, allant même jusqu'à prendre le risque d'acheter du schnaps sans parler un mot d'allemand, raconte Pierre Péan. Épuisés et affamés, les deux évadés commettent alors l'erreur fatale de marcher en plein jour. Ils sont arrêtés à Egesheim, dans le Bade-Wurtemberg, et internés à la prison de Spaichingen. »

Si près du but !

Après tous ces efforts, ces souffrances, ces espoirs déçus, retour à la case départ, au stalag IXC. Mais, cette fois-ci, direction la prison.

Selon son frère Robert, si François Mitterrand s'acharne et se lance dans une troisième tentative désespérée, le 10 décembre 1941, c'est moins par héroïsme que pour tenter de renouer avec son amour, la blonde et douce Marie-Louise qui s'est éprise d'un autre…

Sur la dernière évasion, plusieurs versions ont circulé. Disons pour faire simple que, cette fois-ci, le futur Président, s'il a été incontestablement brave, a eu beaucoup de chance, en particulier celle de bénéficier d'un réseau de passeurs organisé. Mitterrand est repris à Metz, alors ville allemande, et transféré dans un centre de triage à Boulay, en Moselle. De là, on expédie souvent en Pologne les fortes têtes qui cumulent les évasions. Jouant son va-tout, sans doute au péril de sa vie, François s'enfuit du camp la nuit et parvient à se cacher dans un hôpital. Et là, il bénéficie d'un petit miracle : il rencontre une infirmière liée à un réseau d'évasion organisé par une religieuse, qui va l'héberger puis le conduire en train jusqu'à Metz, annexée par les Allemands. Le réseau lui fournit des faux papiers puis le lâche dans la nature pour qu'il traverse la frontière à pied. François parvient ainsi à Nancy, passe la ligne de démarcation et va se réfugier chez une amie qui habite Mantry, dans le Jura. C'est là que son frère le récupère un peu plus tard. Fin de la première épopée mitterrandienne…

En tout cas, après son évasion réussie, François rentre en France avec des idées claires, un désir d'action et un projet d'avenir : faire de la cause des prisonniers de guerre un combat politique. Pour eux… et pour lui. Avec la complicité active de ses nouveaux amis, dont Patrice Pelat. Le frère d'armes ou, plutôt, le frère de détention. Le frère d'espoir.

François Mitterrand sera resté prisonnier dix-huit mois. La captivité l'a changé, politiquement et humainement. En 1972, il confiera à nouveau cet épisode, qui lui tient profondément à cœur, au journaliste Roger Priouret dans *L'Expansion* : « Cette vie communautaire m'a marqué en profondeur. Moi qui suis si individualiste, j'y ai trouvé plaisir. Mais le choc principal, c'est que je me suis soudain rendu compte que la hiérarchie naturelle, c'est-à-dire morale et physique, de la société dans laquelle j'étais – celle des camps de prisonniers – ne correspondait absolument pas à la hiérarchie que j'avais connue pendant toute ma jeunesse. Le notaire et l'instituteur se jetaient à plat ventre pour ramasser les mégots que leur lançaient, en riant, les Allemands. J'ai vu des sous-officiers en faire autant. C'est là qu'est né en moi ce doute, qui n'a fait que s'élargir, sur la valeur d'une société qui n'est pas mise à l'épreuve. La hiérarchie de la décoration, des diplômés, de l'argent ne vaut rien. L'échelle des vraies valeurs est ailleurs. Toute la société française d'aujourd'hui est construite pour que la hiérarchie des valeurs héritées du passé ne soit jamais mise à l'épreuve, alors qu'elle est fausse. Oui, c'est là que j'ai commencé à remettre en cause de façon fondamentale notre société. »

Catherine Nay résume son état d'esprit : « Dans les stalags, François Mitterrand fait surtout cette découverte stupéfiante : les autres. » Il noue des liens avec des hommes qui ne lui ressemblent pas, loin de son milieu, de son univers. Même les prêtres qu'il connaît depuis l'enfance, dans sa ville de Jarnac, n'ont rien de commun avec ceux qu'il fréquente désormais au camp. Pierre Péan les détaille : « Alphonse Delobre, jésuite, grand barbu à lunettes, couvert d'une ample cape, grâce à laquelle il dissimule ses chapardages ; Charles

Monier, lui aussi jésuite, à la vaste culture, handicapé par une extrêmes myopie ; Xavier Leclerc, vicaire à Moulins, bon vivant malgré sa maigreur ; et enfin Nebout, curé de Louchy ». À tous ces hommes comme à François Mitterrand, le stalag va permettre de dépasser leur petit monde d'avant la guerre.

– 4 –

AMOUR ET RÉSISTANCE

Au retour en France, les destins des compagnons du stalag se séparent pour un temps. Chacun tâtonne et cherche ses marques. Ils vont cependant se retrouver un an plus tard, plus soudés qu'avant. Mais, pour l'instant, dans la France encore occupée, Patrice a besoin de se planquer et de gagner des sous. En 1942, Il débarque dans une tourbière, située près de Saint-Laurent-du-Pont, un petit village près de Grenoble, où un couple sympathique, les Pinel, accueille volontiers les prisonniers évadés. La tourbière permet, en cette période de disette, d'avoir du combustible sous forme de briquettes, le charbon du pauvre. Celle de L'Herretang (quatre-vingts hectares au pied de la Chartreuse) a été réquisitionnée pour chauffer les citadins. La besogne est vraiment pénible ; il faut travailler toute la journée dans la gadoue. Mais ni l'odeur, ni l'humidité de la tourbe à brasser à longueur de temps ne dégoûtent Pelat, il en a vu d'autres. Le temps de poser son baluchon et il s'adapte, comme toujours, avec joie et enthousiasme.

En 1989, les journalistes Gilles Sengès et François Labrouillère ont pu s'entretenir avec les témoins de cette époque. La veuve d'Hector Pinel décrit Pelat comme « fort sympathique et un peu fougueux. Il venait de s'évader. Il ne possédait rien. Même pas de quoi se vêtir ! Mon mari lui a proposé du travail et il a rejoint les gars de son âge, employés à la tourbière. D'après les livres de comptes que je possède encore, il est resté chez nous jusqu'en septembre 1943. »

Dès sa première paye, Patrice prend ses aises, s'installe à l'hôtel Benoît, à quelques kilomètres, et devient copain avec tout le monde. Puis, rapidement, comme au stalag, il prend des responsabilités. Lorsque le patron s'absente, c'est lui qui dirige les hommes.

« Nous étions jeunes et joyeux, dira un de ses camarades qui deviendra, lui aussi, industriel par la suite. Un peu insouciants sans doute : nous pensions surtout à bien manger une fois terminée la journée de travail. J'ai gardé le souvenir de plusieurs tables généreuses et sympathiques que nous fréquentions avec Patrice Pelat à Saint-Laurent-du-Pont. »

Noël Boursier, membre du réseau Témoignage chrétien, se souvient aussi de Pelat et de son appétit de vivre : « Il était grand, mince, beaucoup moins massif que sur les photos récentes. Chaleureux. Déjà assez turbulent. Il aimait bien la bonne table et faire la fête. À l'époque, il était effectivement en contact avec les résistants du coin, mais il ne dirigeait aucun groupe. Il s'occupait surtout de la tourbière. »

Pendant ce temps-là, le copain évadé, François Mitterrand, suit un parcours plus sinueux et beaucoup plus calculé. Il trouve un travail à la Légion des combattants et des volontaires de la Révolution nationale, un organisme créé par Pétain à Vichy. C'est à cette époque qu'il recevra, des mains du Maréchal, cette fameuse francisque qui a tellement fait parler d'elle, au même titre que ses amitiés suspectes avec Bousquet... Mais ce travail est peut-être une couverture, car Mitterrand poursuit sa grande idée, celle d'un mouvement des anciens prisonniers. Il est convaincu qu'il s'agit là d'une force politique dont il pourra prendre la tête, tout naturellement, après la défaite des Allemands. Une ambition qu'il va élaborer patiemment et avec difficulté.

Dans un premier temps, il s'appuie, selon une méthode qui lui sera toujours chère, sur des amis sans faille. Et donc, bien sûr, sur les camarades du stalag, Jean Munier et Bernard Finifter en tête. Pour tout dire, Il hésitera un moment à faire appel à Pelat car, en cet automne 1943, il craint qu'il n'ait conservé quelques fidélités communistes non maîtrisables... Un doute qui ne dure guère. Les camarades du camp plaident la cause de l'intrépide Patrice, plus fidèle qu'idéologue, et qui, du reste, a pris ses distances avec les idéaux de sa mère Angèle. Mitterrand pense-t-il déjà – comme il le confiera à Catherine Nay – qu'« avec soixante amis bien placés, on peut tenir un pays, on peut tenir la France » ? Quoi qu'il en soit, pour Mitterrand, les amis, c'est essentiel, et les amis, ça sert ! Or, pour installer son mouvement, il a besoin de faire croire qu'il dispose de troupes importantes qui quadrillent tout le territoire. Et c'est ainsi que Pelat va se retrouver bombardé patron de l'organisation embryonnaire pour toute la région du Dauphiné. Et comme la concurrence est rude (Mitterrand est en conflit avec le neveu du général de Gaulle qui, lui aussi, pousse son propre mouvement de prisonniers), il fait courir le bruit que son mouvement attend de Londres « un parachutage de soixante conteneurs d'armes et de munitions » qui devraient atterrir sur un terrain près de la tourbière, dans la zone soi-disant tenue par Pelat.

Peut-être les hommes du réseau y croyaient-ils vraiment. Jean Munier a en effet proposé ce terrain pour les parachutages aux responsables de la Résistance de Lyon. Le mot de code à la BBC pour annoncer l'opération devait être : « Je suis un évadé ». Des paroles jamais prononcées et des parachutes jamais aperçus dans ce coin… L'unique récit que l'on trouve d'un lien entre le mouvement de Mitterrand et Saint-Laurent-du-Pont est des plus troubles et il est digne d'un roman clair-obscur de Modiano.

Ainsi, un jour, Jean Munier emmène de force à la tourbière un membre du réseau, Georges Dobrowolsky, surnommé Dobro, qui se dit de la haute noblesse polonaise. Celui-ci vient de détourner une partie du trésor de guerre de l'organisation. Munier veut lui régler son compte avec Pelat. Manque de chance, c'est un samedi soir et le beau Patrice est en vadrouille. Selon Pierre Péan, Munier traîne un Dobro gémissant et pleurant vers une fosse et lui affirme, glacial, qu'il va finir dans le trou. Mais Munier déclare à sa victime qu'il ne veut pas l'exécuter à la va-vite, ni tout seul !

Finalement, Mitterrand, qui n'a pas plus le goût du sang que son ami du stalag, condamne le traître à une peine des plus légères : s'engager illico dans la Légion étrangère à Alger. Dobro, revigoré par la tournure que prennent soudain les événements, emprunte un costume à Mitterrand, de l'argent à tout le monde et s'esbigne en train vers l'Espagne. Le personnage peu ragoûtant qu'il semblait être jusqu'alors se révélera héroïque à sa dernière heure. Arrêté à la frontière par les Allemands, il ne livrera pas les noms de ses camarades. Dobrowolsky sera fusillé.

Pendant ce temps Mitterrand étoffe son mouvement et tisse sa toile. En décembre 1943, il va chercher l'onction suprême à Alger, auprès du chef de la France libre, le général de Gaulle. Cette rencontre donnera lieu à plusieurs versions, mais toutes s'accordent à reconnaître que le face-à-face a été un fiasco ! Après l'avoir mouché (agacé sans doute que son visiteur ait emprunté un avion anglais pour venir le voir), le Général lui aurait lancé : « Un mouvement des prisonniers de guerre ? Et pourquoi pas un mouvement de résistance des épiciers ou des charcutiers ! » Plus sérieusement, il est certain que de Gaulle a demandé que les mouvements de prisonniers soient réunifiés sous l'égide de son neveu, Michel Cailliau. Ce qui n'était pas pour plaire à Mitterrand qui aurait refusé tout net, arguant que « la Résistance intérieure a ses propres lois qui ne peuvent se réduire à la simple exécution des ordres venus de l'extérieur ». Cette déconvenue a au moins un avantage pour le jeune ambitieux : il peut désormais faire état de cette rencontre au sommet. Il ne s'en privera pas.

Maintenant, Mitterrand va rentrer à Paris pour mettre sur pied son grand projet. Il réussit à regrouper trois organisations de prisonniers – dont l'une dirigée par Philippe Dechartre – et il nomme cet organisme Mouvement national des prisonniers de guerre et déportés (MNPGD). Comme l'écrit Péan : « Mitterrand est passé maître dans l'utilisation des structures pour conquérir le pouvoir réel. Jusqu'à la Libération, il emploiera toute son intelligence à développer le mouvement et asseoir sur lui son emprise. »

En mai 1944, Mitterrand prend la direction de la zone nord du Mouvement – dont Paris –, et nomme l'indéfectible Jean Munier chef du service Action. Patrice Pelat, retrouvé récemment dans la capitale, est bombardé à la direction des questions militaires. Quelques mois plus tard Mitterrand le nommera même colonel… « Colonel Patrice », cela sonne bien et enthousiasme aussitôt l'ardent combattant qui sommeille en Pat. En somme, Mitterrand a besoin de « héros » pour représenter son mouvement, quitte à les fabriquer lui-même. Pelat devient son chef de guerre, la vitrine militaire du MNPGD. Et c'est vrai, l'homme a fière allure en uniforme. C'est sa période John Wayne, comme l'écrit la journaliste Françoise Berger dans *Libération.* Après avoir été nommé capitaine, en juin 1943, pour son « action dans l'Isère », où il aurait soi-disant « créé les premiers corps francs dans les maquis de la Chartreuse en tant que FFI », le voici à présent élevé, par la grâce de l'ami François, au grade de « colonel de la Résistance ». Peu importe que le palmarès soit largement surchargé, voire souvent inventé.

Mais Pelat joue son rôle à la perfection. Il est comme ces acteurs qui, après avoir appris les dialogues et les mimiques de leur personnage, finissent par l'investir totalement. Le « colonel Patrice » sera plus vrai que nature, vaillant et gonflé, et Mitterrand en sera le premier surpris, puis carrément bluffé.

En attendant, une *love affair* va les rapprocher plus intimement et de façon tout à fait inattendue. Une histoire de femmes, bien sûr. Le début d'une complicité unique, tissée de souvenirs, de secrets et de confidences, qui ne se démentira plus jamais.

Coups de foudre... à répétition

L'idylle se noue dans le train Mâcon-Paris, le 14 février 1944. Il fait froid. Patrice Pelat, qui vient de rencontrer l'un des chefs de la Résistance de Lyon, s'engouffre dans un compartiment et décide de s'installer près d'une jolie femme, emmitouflée dans son manteau, le regard dense, le visage grave. La légende veut qu'elle se serait assoupie contre l'épaule de son voisin. Puis, se reprenant d'un coup, se serait brusquement écartée. Scène de film : Patrice, galant, lui aurait proposé aussitôt de reprendre sa place. La jeune femme lui aurait alors signifié (sèchement) qu'elle n'avait pas la tête à la gaudriole après ce qu'elle venait de vivre…

Comme elle a piqué sa curiosité, le charmeur lui pose des questions sur « ce qu'elle vient de vivre, justement ». Madeleine Gouze (qui se fera appeler Christine et deviendra une célèbre productrice de films) est la fille d'un directeur d'école de Cluny, laïc, républicain dans l'âme, qui a été suspendu (un courage rare qui mérite d'être souligné) parce qu'il refusait de signaler les enfants juifs de son établissement. Elle travaille à Paris dans une école de cinéma. La veille au soir, alors qu'elle est venue passer quelques jours chez ses parents, elle a participé à une fête du village où la tradition veut que les jeunes garçons, porteurs de cocardes et de fleurs, invitent les filles à danser dans une salle de bal. À minuit, la sage Christine rentre chez elle. Mais, vers 4 heures du matin, les jeunes gens qui ferment le bal vont tomber nez à nez avec des soldats allemands. À la vue des cocardes tricolores, les militaires pensent avoir affaire à un groupe de résistants et les embarquent. « Ils risquent d'être fusillés ou déportés ! », s'angoisse une Christine Gouze bouleversée.

Patrice, ému sans doute par cette histoire absurde et tragique, mais aussi séduit par les grands yeux et la taille élancée de sa voisine, la console, la rassure. Il lui fait comprendre, à demi-mots, qu'il appartient à la Résistance. Elle lui confie qu'elle est entièrement de son côté… Ils sont jeunes, beaux, passionnés et animés des mêmes idéaux. La foudre transperce le wagon ! Avant de quitter Christine, Pelat obtient l'adresse de son école de cinéma, mais il refuse, sécurité oblige, de lui donner sa propre adresse. Désormais, Patrice n'a plus qu'une idée en tête : revoir la belle inconnue du train. Quelques jours plus tard, flanqué de Bernard Finifter, il débarque comme par hasard à l'Office du cinéma, rue de Penthièvre. La jeune femme est un peu surprise, mais surtout enchantée de ces retrouvailles improvisées. Le futur couple se fixe rendez-vous, le soir même, au café Le Weber, place de la Madeleine. Patrice arrive avec un bouquet de violettes à la main. Le grand jeu ! Il lui chuchote même, peut-être pour l'impressionner : « Demain notre chef de réseau revient d'Angleterre. Je vous le présenterai. Vous verrez, c'est un homme remarquable. » Clap de fin de la première partie.

« Un peu imprudent, malgré tout, notre ami Pelat », commentera, amusée et attendrie, Danielle Mitterrand en relatant cette rencontre. Cette arrivée imminente du chef du réseau est tout ce qu'il y a de véridique. Dès sa descente d'avion, l'ami Munier annonce à François la grande nouvelle du jour : Patrice est tombé fou amoureux ! « Il était témoin à mon mariage, le 26 février 1944, raconte Munier, qui venait de convoler en justes noces avec sa fiancée, Ginette, elle-même résistante de la première heure. Et pendant toute la cérémonie, Patrice n'arrêtait pas de quitter la fête pour courir téléphoner à son amoureuse ! Il me disait : "J'ai rencontré une fille formidable, un véritable colonel !" Puis il s'est précipité à Dijon, afin de la récupérer à la gare pour remonter avec elle sur Paris. » Ginette Munier complète aujourd'hui la belle histoire : « Durant nos noces, Patrice avait les poches pleines de balles de mitrailleuse en guise de dragées ! »

Dès lors, le couple Pelat-Gouze ne va plus se quitter et le beau « colonel » s'installe au domicile de la belle, rue Campagne-Première, à Montparnasse. Un petit deux-pièces qui servira rapidement de planque pour le mouvement de résistance du groupe.

Une aventure passionnelle se met en marche, elle est aussi le prélude à une autre grande histoire d'amour entre la petite sœur de la jeune femme et l'énigmatique chef du réseau. Une histoire qui va ensoleiller la geste du mitterrandisme. Maintes fois écrite, contée, brodée, elle traduit bien, en tout cas, le romanesque de l'époque, où l'amour se nouait dans l'instant car une arrestation, une déportation, la mort, pouvaient en stopper brutalement le cours.

Le colonel Patrice se hâte de présenter son « colonel en jupes » à Mitterrand, lequel est, lui aussi, frappé par la détermination de la jeune femme et l'engage illico dans son réseau. Elle prend le nom de code de « Saint-Point », en référence sans doute au nom d'un village où Patrice s'était réfugié. Christine se montre très rapidement indispensable, énergique, efficace. Elle trouve une planque pour Mitterrand, alias Morland dans la Résistance : un appartement boulevard Saint-Germain appartenant à des parents réfugiés en Bourgogne.

La grande scène du roman vrai des Mitterrand se déroule peu après, en mars 1944. Ce soir-là, détente. La bande des ex du stalag se retrouve dans l'appartement de Christine et de Patrice, rue Campagne-Première, pour une fête improvisée, bien utile pour oublier l'atmosphère pesante durant ces mois d'angoisse sourde. Il y a là Finifter, les Munier, et François Mitterrand bien sûr. L'ambiance est joyeuse. Patrice, comme toujours en pleine forme, entonne à tue-tête, de sa grosse voix de basse, l'air le plus célèbre des *Pêcheurs de perles*, l'opéra de Bizet : « Je crois encore entendre / Caché sous les palmiers / Sa voix tendre et sonore / Comme un chant de ramiers ! / Oh nuit enchanteresse / Divin ravissement / Oh souvenir charmant ! / Folle ivresse ! / Doux rêve ! »

Comme toutes les jeunes filles de bonne famille, Christine a appris le piano et l'accompagne. Soudain, le regard de Mitterrand tombe en arrêt sur la photo encadrée d'une très jeune personne, posée sur le piano. Un visage juvénile, rieur, déterminé, avec des yeux allongés, un peu asiatiques. Il semble subjugué.

– Qui est-ce ?

– C'est ma jeune sœur Danielle, répond Christine gaiement. Elle vit chez nos parents en Bourgogne et prépare son bac.

La réponse de François fuse :

– Elle est ravissante. Je l'épouse !

Tout le monde rit, sauf Christine, saisie par le ton de la voix de François. Il lui paraît étonnamment sincère. « Dans le fond, pourquoi pas… se dit-elle. Ils formeraient un si beau couple. » Le lendemain, elle écrit à Danielle, mi-sérieuse, mi-rieuse : « Je crois que je t'ai trouvé un fiancé. Profite des vacances de Pâques (qui tombent le 9 avril) et viens à Paris. Je te le présenterai. »

Danielle Gouze, qui se partage entre ses études au lycée et le soutien à la Résistance locale, n'est pas particulièrement emballée. Un vieux de vingt-sept ans ! Mais elle accepte de venir à Paris, pour faire plaisir à sa grande sœur et aussi par curiosité. Un dîner est organisé dans un restaurant réputé du boulevard Saint-Germain, Beulemans. Christine, accompagnée de Patrice, joue les entremetteuses. Elle installe sa cadette de dix ans sur la banquette en attendant de voir apparaître le grand homme. « S'il te plaît, fais-moi un signe discret sous la table », demande Christine qui veut savoir comment sa petite sœur réagit.

Mitterrand franchit le seuil, il porte un imperméable mastic et un grand chapeau mou qui lui cache la moitié du visage. Il arbore une fine moustache noire qui lui donne un air de traître de comédie. Pelat aura le trait assassin : « Ce soir-là, François ressemblait à un danseur de tango argentin ! »

De plus, Mitterrand, sans doute troublé face à cette si jeune personne, au corps ferme et svelte, au visage charmant, parfois un peu buté, en fait beaucoup. Il déploie une séduction un peu trop rodée, se lance dans des plaisanteries au troisième degré qui tombent à plat. C'est trop pour la petite lycéenne de Cluny qui ne sera jamais dans la pose ou le paraître. Sa grande sœur guette le geste, le regard qui signifierait que Danielle est piquée au cœur. Rien ne vient. Les yeux ne brillent pas. La bouche esquisse un sourire poli, un peu ennuyé. Comme elle l'écrira dans ses Mémoires : « François est en face de moi. Il joue de son charme comme il sait si bien le faire auprès des femmes. Mais je n'étais pas encore une femme… » Elle l'expliquera drôlement à sa sœur en sortant du restaurant : « Tu comprends, c'est un homme… », voulant dire par là qu'il ne correspond pas aux « garçons » de son âge qu'elle fréquente, et qu'elle ne connaît rien à cette engeance-là. Mais elle reconnaît tout de même que Morland « ne la laisse pas indifférente »…

Mitterrand, lui, est carrément ferré, sans doute un peu vexé, et baisser les bras n'est pas dans son répertoire. Au contraire. Le week-end suivant, c'est l'Ascension. François s'invite à l'improviste dans la petite maison que possèdent les Gouze, près de Cluny. Il arrive de Chalon à bicyclette. Une preuve de plus d'un amour naissant, une preuve surtout qu'il est encore vaillant et sportif. Les copains accourent pour faire la claque, Munier, Finifter et, bien sûr, Pelat. Mais la soirée festive tourne court. Un voisin fait irruption dans la maison et signale la présence d'une colonne de voitures de la Gestapo qui se dirige vers Cluny. Ils se précipitent dehors et vont se cacher dans une grange au fond d'un petit terrain. Fausse alerte, mais début (enfin !) d'une vraie histoire d'amour : la nuit, couchés dans le foin, cela rapproche, même avec les copains autour…

En arrivant chez les Gouze ce soir-là, Finifter, lui, a échappé au pire. Il a été arrêté à Dijon par un milicien qui lui a ordonné de se déshabiller pour vérifier s'il n'était pas juif. « Je prends mon temps, raconte-t-il, je cherche la parade tout en m'exécutant, déboutonne lentement, très lentement, ma veste… Bref, j'arrive enfin au caleçon. Et m'attends au pire. Quand, agacé et distrait par je ne sais quoi, le milicien me dit : "Après tout, va au diable !" Et me voilà ! »

À Paris, en ce printemps 1944, le danger est de plus en plus présent pour le réseau qui se sait repéré par la Gestapo. Le 1er juin, une réunion secrète doit se tenir rue Dupin, près de Sèvres-Babylone, dans l'un des QG du mouvement de Mitterrand. L'appartement est occupé par Marie-Louise Antelme, membre du réseau dont fait partie aussi son frère, Robert Antelme, marié à la jeune écrivaine Marguerite Duras. Par chance, la romancière est absente ce jour-là. Jean Munier, toujours aux aguets, remarque en arrivant de belles photos Harcourt – studio connu pour ses sublimes clairs-obscurs et ses portraits de vedettes de cinéma –, étalées sur la table du salon. Elles représentent François Mitterrand, les deux sœurs Gouze et Patrice Pelat. Jean a un pressentiment : trop de monde dans cet appartement. Il descend dans la rue. À peine dehors, un homme l'interpelle pour lui demander ses papiers… Munier lui décoche un coup de poing et s'enfuit en courant comme un dératé le long de la rue Saint-Placide. Il a tout juste le temps de s'engouffrer dans le petit hôtel à l'angle de la rue du Cherche-Midi où Christine et Patrice viennent de louer une chambre pour se planquer. « Jean y pénètre avec une précipitation très incorrecte », écrit avec humour Danielle Mitterrand. Munier ne s'arrête pas aux politesses d'usage. Il est convaincu d'un traquenard et demande à Christine de téléphoner sur-le-champ à l'appartement de la rue Dupin. « Ici Charles, qui est à l'appareil ? » demande une voix inconnue. La Gestapo est sur place, c'est à présent évident ! « Jean se change, poursuit Danielle Mitterrand, troque son costume bleu marine contre un de couleur claire, emprunté à Patrice, plaque ses cheveux avec de l'eau et revient vers la rue Dupin. » Il parviendra ainsi à prévenir deux autres membres du réseau interceptés dans la rue juste avant qu'ils ne s'engagent dans la porte cochère. Puis il attend. Pas très longtemps.

Avec effroi, Munier voit deux hommes sortir enchaînés de l'immeuble de la rue Dupin. L'un des deux est Robert Antelme. Il ne peut rien faire pour eux à cet instant, mais il faut au plus vite prévenir Mitterrand, le retardataire de service. Toujours consciencieux, François a suivi les consignes de sécurité à la lettre. Avant de se rendre au rendez-vous, il est entré dans une petite poste du quartier pour téléphoner à l'appartement. La voix de Marie-Louise Antelme lui répond sèchement : « Vous faites erreur, monsieur. » Il recommence et la même voix lui crie, exaspérée : « N'insistez pas, monsieur, puisqu'on vous dit que c'est une erreur ! » Mitterrand a compris. Il appelle Marguerite Duras pour l'avertir « qu'il y a le feu rue Dupin » !

Un peu plus tard, Danielle apprendra par Duras, qui s'est infiltrée dans les milieux de la collaboration pour tenter de sauver son mari, qu'un agent de la

Gestapo avait récupéré les photos au studio Harcourt. C'était un cadeau fait quelques mois auparavant par un ami du groupe qui travaillait chez le célèbre photographe. Les beaux clichés sur papier glacé avaient permis aux Allemands de remonter la piste du réseau…

Ces redoutables photos coûteront même son bachot à Danielle. Alors qu'elle passe les épreuves du bac à Lyon, le 6 juin, François Mitterrand, ayant appris que la Gestapo l'aurait identifiée sur le cliché et s'apprêtait à l'arrêter, la fait récupérer en urgence par un membre de son groupe… « L'élève Gouze, écrit-elle ironiquement, n'ayant pas remis l'ensemble de ses copies à la correction, ne sera pas reçue. »

Mais, du coup, elle s'engage totalement au sein du réseau de résistance de Morland, où le « colonel Patrice » va vivre lui aussi les moments les plus étincelants de sa vie.

La Libération de Paris

Paris au mois d'août 1944 sera la grande affaire de Pelat. Pendant la semaine du 15 août, il est partout. Le MNPGD vient de rejoindre les FFI, dirigées par le général Koenig. Avec Munier, alias Rodin, ses combattants vont mener toute une série d'actions dans la capitale et sa banlieue pour le compte du mouvement de Mitterrand. Munier et Pelat mettent en place un dispositif de harcèlement de l'armée d'occupation par les corps francs. Première étape : constituer une dizaine d'unités de cinq ou six combattants prêts à se battre, dans différents quartiers de Paris et en banlieue. Les deux camarades auront l'honneur d'arracher le drapeau de la Feldgendarmerie de Neuilly. Un grand moment de fierté et de bonheur pour Munier, qui, lui, ne profitera en rien de cette gloire éphémère et partira, après guerre, construire des ponts à Tahiti. Puis, Morland et Rodin participent à une violente échauffourée avec les Allemands, à l'angle des boulevards Saint-Germain et Saint-Michel.

La stratégie voulue par Mitterrand est limpide : mettre la main sur toutes les institutions liées aux prisonniers de guerre. Devenir l'unique représentant de ces mouvements. Munier installe donc son QG dans l'immeuble de la Direction d'entraide des prisonniers, qu'il vient de récupérer, 68, rue de la Chaussée-d'Antin. Le colonel Pelat, lui, prend carrément ses quartiers 116-118, avenue des Champs-Élysées, dans l'ancien siège de Radio Paris, l'antenne dont Radio Londres faisait ses choux gras, avec son jingle conçu par l'inimitable Pierre Dac : « Radio Paris ment… Radio Paris ment… Radio Paris est allemand ! », chanté sur l'air des lampions et que fredonne, à la barbe des occupants, toute la France.

Le MNPGD enregistre ses premières victimes : le 19 août, Émile Buisseau, trente-six ans, peintre en bâtiment et père de deux enfants, est tué dans la cour du Départ de la gare du Nord d'une balle dans la nuque, en tentant de fuir un peloton d'exécution allemand. C'est le colonel Patrice qui signera son certificat de résistance aux FFI, déclarant que Buisseau s'est battu dans son groupe.

Les hommes du MNPGD vont alors faire deux prises de guerre qui auront une importance plus politique que militaire : une association et un journal.

Le 20 août, à 11 heures, Morland et Rodin entrent en force dans l'immeuble du Commissariat général des prisonniers de guerre, rue Meyerbeer, près de l'Opéra. Pierre Péan, qui a décrit ces épisodes, rapporte le dialogue savoureux entre Morland et un certain Moreau, fraîchement nommé directeur.

Devant l'apparition de quatre hommes armés, Moreau s'étonne et leur demande calmement ce qu'ils veulent.

– Que vous vous en alliez, répond Morland avec aplomb, comme s'il récitait une réplique de théâtre apprise par cœur.

Moreau tente de parlementer mais son poste est fragile et il le sait. En face de lui Morland s'impatiente.

– Monsieur, il n'y a pas à discuter : c'est la révolution ! Vous devez céder la place.

Derrière le « révolutionnaire » pointe le politique, persuadé que cette fonction est le tremplin nécessaire pour devenir secrétaire général aux Prisonniers de guerre, avant de viser plus haut. Beaucoup plus haut. Pour réussir, Mitterrand s'entoure de vieux amis sûrs, ceux du stalag, évidemment, ceux de la Résistance comme André Bettencourt, qui deviendra une des grandes fortunes de France, ou les amis de fac comme François Dalle.

Pendant ces journées enfiévrées, le colonel Patrice a pour mission de prendre d'assaut un organe de presse collabo, rue de Richelieu, intitulé sobrement *Le Journal*, qui sera rebaptisé par Mitterrand *L'Homme libre*, du nom du quotidien créé en 1913 par Georges Clemenceau, puis *Libre* tout court. Et pour faire sortir le canard, Pelat, sans états d'âme, reprend tout le personnel, collabo ou pas, d'une imprimerie rue du Croissant, et le remet sans barguigner au travail.

Ce journal servira de tribune au futur tribun socialiste. Mais chacun dans le groupe connaît l'objectif : faire exister le Mouvement, quitte à broder un peu. Le colonel Patrice ne sera pas en reste. Il rédige en style télégraphique un rapport (le rapport n° 1) destiné à la direction des FFI, vantant allègrement les actions, vraies ou exagérées, de ses troupes pour que leurs actes de bravoure soient bien actés. « Objectifs assignés atteints : destruction de centraux téléphoniques allemands, de centres de la Gestapo ; 100 prisonniers ; nombreuses armes récupérées ; destruction de postes de combat, de véhicules, de garages ; participation aux comités de libération locaux ; à Saint-Maur, 500 soldats allemands ont été encerclés ; Munier et Beauchamps ont participé à la prise de la préfecture de police ; combats du Grand Palais ; contacts avec la 2e division blindée du général Leclerc, renseignements sur l'aérodrome de Villacoublay. Le capitaine Champion et Léon Bellières se sont particulièrement distingués. »

Devant l'arrivée en masse de prisonniers de guerre, démunis, sans argent, le colonel Patrice décide, en accord avec Morland, de créer son propre bataillon pour les accueillir. On est colonel ou pas ! Pour continuer à lutter contre l'ennemi, bien sûr, mais cette petite armée personnelle sert aussi à asseoir la crédibilité du Mouvement, de son chef… et de lui-même.

Danielle Mitterrand, emballée, écrit avec cet enthousiasme qui sera toujours sa marque de fabrique : « Et nous applaudissons Patrice. Le colonel Patrice, à la tête du bataillon Liberté, pourfend l'ennemi ! »

Pour héberger ses troupes – de cinq cents à mille hommes – il ne réquisitionne pas moins que le splendide château de Madrid, cet immense ex-hôtel rococo situé à l'orée du bois de Boulogne, construit sur les ruines d'une ancienne résidence royale, inspiré de l'alcazar de Madrid. La Milice l'occupait hier encore… Mais le ravitaillement est aussi le nerf de la guerre. Pour nourrir ses hommes, le MNGPD ouvre un restaurant rue Vivienne, près de la Bourse. Pelat, en grand uniforme et le revolver à la ceinture, se rend à la boucherie Saint-Germain et engage vivement son ancien employeur à lui fournir de la viande pour ses troupes. (L'ancien patron ne lui en tiendra pas rigueur puisqu'il se fera un plaisir de venir à ses chasses, plus tard, en Sologne.)

L'été 1944 s'annonce magnifique. Pelat a gagné la guerre. Paris est libéré. Le 25 août, le fringant colonel n'a qu'à descendre l'escalier de Radio Paris pour aller défiler sur les Champs-Élysées, près de François Mitterrand, cinq ou six rangs derrière le général de Gaulle.

Des ennuis avec l'état-major

Dans son château de Madrid, Patrice prend son commandement très au sérieux. Nous avons retrouvé un des anciens soldats du bataillon Liberté qui a servi sous les ordres du colonel Pelat. Claude Mias, quatre-vingt-douze ans, la voix joyeuse et juvénile, en a conservé des souvenirs vibrants.

En 1944, juste après la Libération de Paris, le jeune résistant du MNPGD s'est engagé dans ce bataillon uniquement pour pouvoir continuer le combat. Il en est pour ses frais.

– Notre bataillon 12/22 était composé surtout de volontaires issus des FFI de la région parisienne, explique-t-il. Il comportait quatre compagnies. Nos pantalons d'uniforme provenaient des stocks de la marine allemande, la Kriegsmarine, et, pour le haut, nous avions des blousons des camps de jeunesse. Nous étions dotés de fusils Mauser récupérés dans l'armée allemande. Nous faisions des entraînements, des manœuvres en rampant dans le bois de Boulogne, et nous participions aux gardes de points stratégiques à Paris. Le colonel Pelat nous passait très souvent en revue. Je me souviens d'ailleurs qu'il nous avait demandé un jour de nous mobiliser pour le libérer s'il était arrêté par le commandement car il avait des problèmes avec l'état-major. Mais, nous, on ne voulait pas se révolter contre le ministère de la Guerre, on voulait se battre contre les Boches ! Nous tournions en rond et en avions assez de ne rien faire, d'autant plus que la première division était partie sans rien demander à personne rejoindre le front. Du coup, avec notre lieutenant, de Chavannes, nous avons décidé d'en faire autant. Alors que nous nous apprêtions à sortir en rang avec nos armes, nous sommes arrêtés par l'adjoint de Pelat, le colonel Champanot. « C'est quoi ça ? », nous demande-t-il. « On s'en va, mon colonel ! », nous répondons. Il appelle alors les gardes et hurle : « Foutez-moi ces gars-là en taule ! Pas question de partir. »

» On s'est retrouvés en fin de journée enfermés dans les sous-sols du château. Des copains nous ont passé nos paquetages sous les grillages et on a foutu le camp ! Nous sommes allés à la caserne Dupleix prendre trois jours de vivres et nous avons rejoint la première demi-brigade de chasseurs de Lorraine du colonel Pochard. Nous avons participé à la libération de Metz, avant de poursuivre les combats en Allemagne. Pendant ce temps-là, au château de Madrid, on nous avait déclarés déserteurs !

Et le sergent Mias, d'un ton malicieux, ajoute : « Entre nous, le bataillon Liberté, c'était quand même un peu le bordel ! »

Les réjouissances terminées, le colonel Pelat incitera ses hommes à rejoindre l'armée régulière et à continuer plus sérieusement la guerre. Entre-temps, il a réalisé un rêve : faire défiler son bataillon sur les Champs-Élysées pour effacer, dira-t-il, l'humiliation des troupes allemandes plastronnant sur cette même artère quatre ans plus tôt…

Un programme moins glorieux attend Jean Munier. Lui qui est l'honnêteté personnifiée va organiser un cambriolage dans un appartement de Neuilly où un collabo aurait planqué un magot dans le bois du lit… Avec son frère et quelques hommes du bataillon, il récupère des liasses de billets (qu'il refuse de compter, l'argent n'étant pas le sien) qui serviront pour des prêts aux anciens prisonniers et aussi à acheter de l'essence. Mais ce « hold-up » donnera lieu après la guerre à une enquête judiciaire. Toujours fidèle à son éthique, Munier fera libérer trois de ses « complices » incarcérés à la prison du Cherche-Midi, en prenant toute la responsabilité de l'incident sur lui. L'affaire n'eut aucune suite.

Mais le colonel Patrice en fait beaucoup. Il devient un peu trop voyant pour l'armée régulière. À la suite d'une sombre histoire de vols de TSF, il s'est accroché, une première fois, avec l'état-major du gouverneur militaire de Paris. Patrice et ses hommes ont en effet été surpris piquant un stock de radios dans un garage de la rue Dupleix. Il s'agissait de neuf cents postes, achetés par les Allemands et que Pelat considérait comme un butin de guerre. Il s'apprêtait à les revendre le double de leur prix, sans doute pour subvenir aux besoins de son bataillon. Un officier – un vrai – était alors intervenu et avait fait stopper net l'opération.

Une deuxième fois, toujours pour nourrir ses troupes, le colonel n'hésite pas à envoyer un groupe motorisé en Normandie, avec camions et mitraillettes, muni de bons de réquisition… Le commandement tique à nouveau et un lieutenant-colonel convoque Pelat pour l'interroger sur cette opération de récupération. Ce n'est qu'à la quinzième convocation que Patrice consent enfin à s'y rendre.

Quelques jours plus tard, Patrice retrouve à la brasserie Lipp, boulevard Saint-Germain, François Mitterrand accompagné du journaliste résistant Marcel Haedrich, qui doit prendre la rédaction en chef du journal de leur mouvement. C'est la première fois que Haedrich rencontre le bouillant colonel, comme il le raconte dans ses souvenirs. Pelat se lance dans une reconstitution colorée de sa rencontre avec le militaire qui a eu l'outrecuidance de le faire quérir : « Vous savez pourquoi ce con me convoquait aux Invalides ? Il m'a montré un paquet de bons de réservation (Patrice tapait de la cravache sur la table. On l'entendait jusqu'au fond du restaurant). "Et alors, c'est bien vous qui les avez signés, ces bons ?", demande ce con. Je lui dis : "Vous savez lire ? Qu'est-ce que vous lisez ici ? Vous lisez colonel Patrice, n'est-ce-pas ? Et puisque vous m'avez prié de passer chez vous, vous savez que le colonel Patrice, c'est moi. Au fait, si vous être militaire, vous devez savoir qu'un lieutenant-colonel doit le respect à un colonel. Alors, debout, garde-à-vous !" Tout cela avec des sifflements par les narines froncées, le menton pointé vers François, et encore des coups de cravache. Nous nous tordions, François et moi, non sans embarras. »

Cette attitude, peu de temps après, va coûter cher au « colonel » car l'institution militaire est une vieille dame sourcilleuse qui n'aime pas qu'on se fiche d'elle, ni qu'on la traite par-dessus la jugulaire… Et qui, de surcroît, note chaque incartade. Surtout que d'autres accusations, cette fois-ci beaucoup plus graves, vont peser sur les MNPGD et assombrir l'image du Mouvement.

Début septembre 1944, un prétendu « gestapiste italien » est en effet exécuté de sang-froid dans la cour de l'immeuble de la Chaussée-d'Antin, l'un des QG du MNPGD. Il se serait introduit dans le Mouvement en « gagnant la confiance des épouses, traquant les évadés et renseignant les Allemands… » C'est du moins ce que son exécuteur a déclaré à Pierre Péan, qui a longuement enquêté sur cette affaire. Pierre Ponchet, qui a tué l'homme de deux balles dans la tête, n'a aucun remords. Il déclare « avoir liquidé un salopard responsable d'une trentaine de morts ». Il affirme n'en avoir pas parlé à Morland. Quand à Munier, il confiera plus tard son malaise devant cette sale affaire. Selon lui, l'Italien avait été dénoncé par sa voisine fleuriste, et il se souvient avec tristesse du fils qui, ignorant la mort de son père, était venu lui apporter une couverture… Le corps de l'Italien aurait finalement été abandonné devant un hôpital. Un troisième témoin est plus catégorique. Il se dit franchement écœuré : « J'ai vu flinguer un pauvre mec, sur un simple dit-on d'une fleuriste. C'était dégueulasse, ignoble ! » Jean Munier affirmera, des années plus tard, que ce meurtre fut la raison de la deuxième convocation militaire du colonel Patrice, même si, selon lui, il n'avait aucune responsabilité dans cette horrible histoire.

Mais un document inédit, tiré d'archives de l'armée (voir chapitre suivant), révèle que l'état-major avait d'autres graves reproches à faire à Pelat. Certains militaires voulaient bel et bien lui régler son compte.

Après la Libération, le MNPGD avait réquisitionné un ancien hôtel occupé par les Allemands, l'Impérator, rue Beaubourg, à deux pas des Halles. L'établissement servait de prison, de lieu d'interrogatoire, voire de torture, dans le cadre de l'épuration. Des collabos de tout genre, dénoncés ou tombés entre les mains des hommes du Mouvement, sont passés par ce sinistre lieu. C'est là, par exemple, qu'ont été interrogées les personnes accusées d'être à l'origine de l'arrestation du mari de Marguerite Duras, Robert Antelme, qui avait été déporté à Dachau. Il en reviendra vivant mais squelettique – trente-sept kilos pour un mètre soixante-dix-huit – et atteint du typhus.

François Mitterrand se serait rendu plusieurs fois rue Beaubourg pour rencontrer des prisonniers, mais tous reconnaissent qu'il n'a jamais participé à des interrogatoires musclés, ni autorisé le moindre acte de torture. De même, ni Munier, ni Pelat ne paraissent avoir une responsabilité dans ces actes odieux.

Pourtant, un rapport secret émanant du 5e bureau du Groupement militaire de Paris (GMP), non daté et signé d'un certain « Roquemaurel », apporte des éléments nouveaux, avec beaucoup de précisions, sur les crimes commis à l'hôtel Impérator. Ce texte vise à impliquer, cette fois-ci, le colonel Pelat, avec une mauvaise foi insistante.

Le document débute par une biographie sommaire de Patrice Pelat, qui tente de semer le doute sur son patriotisme, en affirmant qu'il s'est évadé du stalag et qu'il est « parvenu à atteindre la Suisse grâce à des complicités allemandes [...] En France, poursuit l'auteur, son activité pour la Résistance française offre des aspects inquiétants. Racontant lui-même les dangers courus, Pelat s'exprimerait ainsi... »

Suivent deux longues citations qui lui seraient attribuées et dont l'origine demeure inconnue : « J'apprends qu'on a décidé d'en finir avec moi. Trois tueurs professionnels sont à mes trousses. Heureusement, vingt-quatre heures avant l'heure fixée pour l'exécution, je les fais arrêter... préventivement ! [...] Il y a parfois des bons moments. Embauché dans les services de la Police nationale, je remisais ma voiture au garage Ricou, occupé par la Gestapo. En hiver, ces messieurs poussaient l'obligeance jusqu'à me remorquer pour mettre le moteur en marche. Évidemment, ils ne pouvaient concevoir que leur ennemi numéro un et le timide fonctionnaire dont j'avais l'apparence ne formaient qu'une seule et même personne. »

L'auteur du rapport du 5e bureau du GMP poursuit : « Le colonel Patrice est membre du Comité national du MNPGD » [...] Occupé par les Allemands jusqu'à la Libération, l'hôtel Impérator fut ensuite réquisitionné par le colonel Patrice pour y établir un service d'épuration, dirigé par le capitaine Gauthier, chef du groupe de choc du MNPDG. »

Ce rapport étrange, très fiche de police, détaille les basses œuvres du prénommé Gauthier et son passé de garçon de café.

Autant ce texte peut être flou, voire insultant dans certains passages, autant il devient précis sur un cas particulier. Il décrit la mort tragique, à la mi-septembre 1944, du commissaire Charles Berthier qui venait d'être arrêté pour intelligence avec l'ennemi. L'homme est retrouvé pendu dans sa chambre, mais couvert d'ecchymoses. À côté du corps on trouve ce mot : « Je n'ai jamais touché un sou de la Milice ou de la Gestapo. Écrit de sang-froid. Mes dernières pensées sont pour ma femme que j'ai beaucoup aimée. Je suis innocent. Je ne peux supporter d'être martyrisé. »

Ce curieux document conclut en précisant que Gauthier, qui serait impliqué dans cette violence terrible, aurait, après la fermeture de l'hôtel (en octobre 1944), rapporté un camion d'armes… justement au château de Madrid tenu, comme nous le savons, par Pelat. On peut s'interroger sur le lien qui existe entre ces personnages sinistres qui grenouillaient à hôtel Impérator et les responsables du MNPGD et du château de Madrid : Qui fait quoi au nom de qui ? Quelles sont les vraies responsabilités des uns et des autres dans ces événements glauques ?

Quoi qu'il en soit, à la suite de ce rapport, le commandement va donc convoquer, très sérieusement cette fois, le colonel Patrice en tant que responsable militaire du Mouvement. Il faut dire que l'attitude insolente de celui-ci ne l'incite pas à l'indulgence. Pelat, bien qu'absolument convaincu de son bon droit, prend ses précautions. Toujours à sa manière bravache, il demande à ses adjoints de mobiliser le bataillon au cas où il serait emprisonné, et de venir le libérer en force, comme nous l'a confirmé le sergent Claude Mias.

Pelat a vu juste. Il sera arrêté et incarcéré. Ce n'est pourtant pas son bataillon qui va le sortir de ce mauvais pas mais, plus efficacement, son bon ami François Mitterrand. L'homme politique, plaidant avec éloquence sa cause auprès du général Koenig, responsable des FFI à Paris, parvient à le faire libérer. Sans aucune poursuite.

Son beau bataillon Liberté ne lui survivra pas longtemps. Fin septembre 1944, le général de Gaulle fait venir à Paris le général Billotte, son ancien chef d'état-major à Londres (qui combattra ensuite aux côtés de Leclerc), et lui confie une mission délicate : « Formez donc rapidement une division avec ces garçons de la Résistance parisienne. Ils sont un peu remuants mais ils feront sûrement de bons soldats. » C'est ainsi que la toute nouvelle 10e brigade de FFI va récupérer de très nombreux résistants « turbulents » qui, ayant participé à la libération de la capitale, sont prêts à continuer le combat. Beaucoup vont se conduire en héros. Le 1er novembre 1944, Billotte met fin à l'aventure du bataillon Liberté et renvoie le colonel Patrice à ses foyers et à la vie civile.

Mais Pelat ne l'entend pas de cette oreille. Il estime qu'il n'a démérité ni de la Patrie, ni de l'armée. Il veut donc que ses exploits soient reconnus à leur juste valeur et que son grade soit dûment validé par l'armée. D'autant qu'une telle carte de visite est plus qu'utile après la Libération.

– 5 –

LE DOSSIER MILITAIRE 16P 463363

Après guerre, pour un jeune homme entreprenant et ambitieux, le meilleur des sésames pour réussir est en effet d'afficher un passé héroïque. Londres, l'armée ou la Résistance, l'heure n'est plus aux planqués.

Quatre mois après ses exploits à la Libération de Paris, en novembre 1944, Pelat fait donc une demande pour que son grade de colonel FFI dans la Résistance soit reconnu par l'armée. Il est confiant, comme d'habitude sûr de lui, et pense qu'il s'agit d'une simple formalité.

Il remplit un questionnaire du ministère de la Guerre de trois pages tapées à la machine. Dans ces pages, que nous sommes allés consulter, il note avoir été prisonnier au stalag IXC et évoque quatre tentatives d'évasion (la quatrième réussie). Puis il ajoute, en réponse aux questions écrites sur ses faits d'armes : « Organisation de résistance et sabotage dans les camps et les usines allemands, en liaison avec le front noir allemand. »

À la question : « Grades successifs obtenus dans les FFI ? » Patrice Pelat répond : « Capitaine en juin 43 pour l'action en Isère. Commandant pour les actions coordonnées des Forces en avril 44. Colonel au 14 août 1944 par le comité directeur du MNPGD. »

On lui demande ensuite d'expliquer dans quelles circonstances il a exercé ce commandement et il détaille : « Responsable départemental Isère. Membre du CDL (comité de liaison) en 1942-43. Création des premiers corps francs de l'Isère. Maquis de Chartreuse et du Vercors. Responsable région parisienne en février 44. Membre du comité directeur du MNPGD. Direction des forces armées région parisienne pendant la bataille de Paris (voir rapport à l'état-major du colonel Lézé). Mise sur pied de la division MNPGD (selon lettre du général de Gaulle du 7 octobre 44). Coup de main en Chartreuse et Vercors. Région parisienne. Commandant des forces armées du MNPGD, groupant 20 000 hommes. » Puis il rajoute à la main, d'une petite écriture nerveuse : « Création et mise sur pied du bataillon Liberté 12/22. » À la dernière question : « Citations et témoignages obtenus », Pelat répond : « Légion d'honneur. Croix de la Libération. Citation à l'ordre de l'Armée. »

La réponse des militaires ne se fait pas attendre.

Le colonel Lézé note à son propos : « Intelligent. Instruction militaire nulle. Du commandement. Bonne tenue. Mais pas susceptible d'exercer un commandement effectif au combat contre un ennemi organisé. »

Et donc l'avis de la commission départementale tombe : « Patrice Pelat est membre du comité directeur du MPGD pour l'organisation des forces armées de ce mouvement. Semble posséder des qualités d'organisation indéniables, par contre ne possède aucune instruction ni formation militaire. Dans ces conditions ne paraît pas susceptible de commander une unité régulière dans le combat moderne contre un ennemi organisé. »

Le document est signé de quatre officiers. L'affaire semble donc réglée, mais c'est mal connaître le colonel Patrice. Il décide alors de contourner l'obstacle et de recommencer au début, en obtenant la validation de son titre de FFI. Bonne pioche. Il réussit en effet à obtenir un certificat d'appartenance aux FFI pour le grade de capitaine mais, grande déception, uniquement pour la période du 1er février au 25 août 1944. C'est-à-dire, précisément, pendant les quelques mois indiscutables où il s'est vaillamment battu à Paris.

Le 22 mai 1945, le général commandant de la 1re région lui confirme par écrit ce titre, mais ajoute aussitôt : « À cette occasion, je tiens à souligner que le grade fictif de capitaine qui vous avait été attribué par le ministère de la Guerre le 18 avril 1945 n'était valable que pour la durée de cette mission. Ce titre est destiné à reconnaître les services rendus mais il ne vous confirme aucune autre nomination. »

Le « grade fictif » lui reste dans la gorge.

Le jeune homme souhaite, maintenant qu'il commence une nouvelle vie, être accepté et considéré. Il veut l'argent, la respectabilité et les honneurs. Il est impatient de réussir et il a son beau CV à écrire… Ou à réécrire. Mais surtout, il s'est installé dans la peau du colonel Patrice. Il a adoré ces quelques mois de guerre, sa fameuse période John Wayne. À partir de là, toute sa vie, il ne se définira ni de droite, ni de gauche, mais juste « résistant ». Comme souvent chez lui se confondent l'intérêt et l'image qu'il veut donner de lui-même. Et donc il enrage des réponses timorées des militaires qui ne cessent de lui barrer la route vers la gloire.

Soixante ans après la guerre, les dossiers militaires sont désormais accessibles aux archives de la Défense, au château de Vincennes. Devant nous s'ouvre le dossier numéro 16P 463363, qui porte son nom, Pelat Roger (son premier prénom), ses date et lieu de naissance, 31.7.18, à Saint-Cloud, et un curieux petit Post-it collé sur le côté, indiquant « speudo (*sic !*) colonel Patrice ».

Comment ne pas être surpris par la teneur de ce dossier qui comporte des dizaines de fiches, de témoignages, de rapports et de contre-rapports, agrémentés de petits bouts de papier collés, de mots manuscrits et de pelures tapées à la machine ? Il faut reconstituer le déroulé des événements. Nous découvrons les premiers questionnaires officiels, datant de 1944, et des courriers datant de 1947 et de 1949, certains rédigés par des officiers manifestement en opposition avec Pelat.

On retrouve d'abord la trace des frasques du fougueux colonel pendant la Libération. En particulier une longue lettre manuscrite, signée Robert Réa, adressée à l'état-major du gouvernement militaire de Paris, qui rapporte la fameuse affaire du vol des postes de radio que nous avons déjà évoquée. L'officier avait surpris Pelat et ses hommes récupérant des postes de

TSF achetés par les Allemands pour les revendre au bénéfice de leur bataillon. Pelat l'ayant de toute évidence envoyé bouler, la fin de la lettre flaire le règlement de comptes : « Les renseignements recueillis font ressortir que le colonel Patrice, qui n'a jamais pu justifier de sa qualité, n'appartient pas aux FFI, dont il se tenait à l'écart tout en les utilisant. Il aurait créé un mouvement dans un but personnel [...] »

L'attitude, disons, peu protocolaire, du colonel a continué à poser problème, même après la Libération. En février 1949, le commandant Chalufour demandait à l'état-major de lui faire connaître « l'adresse personnelle ou l'affectation du colonel FFI Patrice pour me permettre de poursuivre une enquête au sujet de la réquisition d'un véhicule automobile ». L'armée a la mémoire longue...

Mais surtout, nous constatons qu'à partir de 1951 Pelat va s'acharner à décrocher sa demande d'homologation dans l'armée au grade de colonel. Et il sera soutenu, avec une belle constance, par François Mitterrand au gré de ses différentes fonctions ministérielles. D'ailleurs, nous le verrons plus tard, Mitterrand fera les mêmes démarches que son ami, avec une tout aussi belle constance...

Le 4 août 1951, Patrice réactive sa première demande (datant de 1944) qui n'avait pas eu l'effet escompté. Cette fois-ci, il apporte quelques modifications. Il met à nouveau en avant son grade de colonel des FFI mais se montre plus réaliste sur les effectifs de ses troupes (ils passent des 20 000 hommes du MNPGD aux 2 000 de son bataillon…). Il répète qu'il est entré dans la Résistance en mars 1942 et qu'il a participé à la bataille du Vercors et à la Libération de Paris. Et il maintient qu'il a commandé des unités « de la valeur d'une compagnie, puis d'un bataillon ». Il se dit apte également aux « fonctions d'officier d'état-major ». Modestement, il se dit même prêt à accepter « des cours de perfectionnement d'officier »…

Le document se termine par « l'avis du chef de réseau : Demande très appuyée, en raison des services rendus dans la Résistance. M. Fr. Mitterrand, ex-chef national du MNPGD. » Avec la signature manuscrite de l'intéressé (qui vient juste de quitter ses fonctions de ministre de l'Outre-Mer).

La machine militaire se met en route.

Le secrétariat d'État à la Guerre demande de « bien vouloir faire étudier en priorité le dossier de certificat d'appartenance aux FFI concernant monsieur Pelat. Pour me permettre (explique l'officier qui suit l'affaire) de compléter le dossier constitué par l'intéressé, en vue de son intégration éventuelle dans les cadres des Réserves ». Un deuxième courrier insiste : « J'ai l'honneur de vous demander de bien vouloir m'adresser, dans les meilleurs délais, un état des services le concernant. » Signé : le lieutenant-colonel Bienvault, chef du VIe bureau provisoirement… (*sic*) »

Une enquête est alors diligentée par les gendarmes de la 8e compagnie de Paris Exelmans et par le maréchal des logis en chef de Ville-d'Avray. Elle établit le parcours de l'intéressé. Il s'agit d'une enquête de moralité, classée « secret confidentiel ». Le commandant de la brigade de Ville-d'Avray note : « Profession : industriel. Actuellement directeur commercial à la Soprova. » Puis il retrace ses divers lieux de résidence : « De la Libération en 1944 à l'année 1948, il a résidé au 25, avenue du Maréchal-Lyautey à Paris (XVIe). Et ensuite, jusqu'en 1950, chez monsieur Robin, 32, avenue Pradier à Ville-d'Avray. De cette dernière date à sa nouvelle adresse, 6, rue Montalivet, Paris (VIIIe), il résidait chez monsieur François Mitterrand, 5, rue Dufrenoy Paris (XVIe)… (Là, les gendarmes ont mal fait leur travail, il s'agit des bureaux du frère de François, Robert.) Description : cheveux bruns, front petit, yeux marron, nez rectiligne, taille : 1,72 m. »

Dans un style qui fait les délices de l'administration « gendarmique », le rapport se termine ainsi : « Au cours de l'enquête effectuée à Paris, conclut le gendarme Morel, aucun renseignement de nature à porter atteinte à son honorabilité, à ses conduites morales ou à ses sentiments nationaux n'a été relevé à son encontre… Néanmoins (*sic*) il passe pour un homme sérieux et correct. »

Mais la demande coince sur l'appartenance de Pelat aux FFI et la reconnaissance de son grade dans la Résistance.

Le commandant Bailly, qui suit le dossier pour l'état-major, se montre tout d'abord fort courtois, vu le piston important dont bénéficie l'intéressé. À plusieurs reprises, il lui demande par courrier de justifier de ses activités et de son grade chez les FFI, ce qui est la moindre des choses. Patrice Pelat décide de faire la sourde oreille. Il aurait bien du mal, en réalité, à réunir les documents puisqu'il ne peut justifier que de trois mois de service à la tête de son rocambolesque bataillon Liberté. Mais le ministère s'impatiente. Il veut des preuves. Et en avril 1952, le ton monte, Bailly tamponne en rouge « urgent » sa dernière demande de pièces justificatives. Il se dit probablement qu'il n'a pas que cela à faire. Mais il ne reçoit comme justificatifs tangibles qu'un lourd silence radio.

Un bras de fer commence alors entre le colonel Patrice et ses soutiens, d'une part, et la hiérarchie militaire de l'autre.

De guerre lasse peut-être, le général Gillot, commandant de la première région militaire, finit par fournir ce précieux certificat d'appartenance aux FFI qu'on lui réclame à cor et à cri, tout en insistant sur sa validation pour sept mois seulement : « Je dis bien, insiste-t-il, du 1er février au 25 août 1944. »

Cette réponse ne satisfait pas, mais pas du tout, Pelat. Il écrit sèchement au général, une lettre brève et excédée, sur son papier à en-tête personnel avec son adresse chic – 6, rue Montalivet, Paris VIIIe – et son téléphone : Anjou 0555, en tirant une batterie de pistons : « Mon Général, je vous accuse réception des deux certificats d'appartenance aux FFI et vous en remercie vivement. Toutefois, je tiens à porter à votre connaissance que j'ai été membre du comité directeur du MNPGD depuis mai 1942. À cette époque, j'étais responsable du département de l'Isère.

» À titre de référence, je vous donne monsieur François Mitterrand, député, ancien ministre, monsieur

Henri Frenay, ancien ministre, le général Revers. En conséquence, je vous serais reconnaissant que vos services rectifient cette erreur.

Signé : Patrice Pelat. »

Le ton comminatoire et les appuis puissants n'impressionnent pas les militaires, dont les oreilles commencent à chauffer. Ils décident en conséquence d'approfondir le dossier Pelat et d'aller vérifier sur le terrain ses états de service.

La fiche de renseignement 10314, remplie par Pelat, est annotée par un officier avec des commentaires acerbes. « 1941 : Organisation de résistance et de sabotage dans les camps et les usines, en liaison avec le front noir allemand. » (« Je n'y crois pas », écrit une main anonyme)... « Coup de main en Chartreuse et Vercors. » Le mot « Vercors » est tout simplement barré d'un trait rageur.

Mais le coup de grâce tombe le 28 mai 1953 sous la forme d'une lettre tapée à l'en-tête de « l'Amicale des pionniers des combattants volontaire du Vercors », ornée d'un sigle représentant un lion et une croix de Lorraine. Le courrier est signé Eugène Chavant, officier de la Légion d'honneur, le chef historique de la Résistance du Vercors, qui a été fait compagnon de la Libération par le général de Gaulle le 20 novembre 1944 : « Je soussigné Chavant Eugène, ex-commandant Clément, chef civil du Vercors, déclare avoir connu monsieur Patrice Pellat (*sic*), lorsqu'il était employé à l'Office des bois de feu à Grenoble, et être resté en contact avec lui pendant qu'il était directeur des tourbières de Saint-Joseph-de-Rivière. C'est avec lui que nous avons organisé l'enlèvement des chaussures de Fourvoirie. Par contre, en dehors de ces petits services rendus à notre organisation, jamais, à ma connaissance, Pellat n'a appartenu au Vercors, pas plus qu'au CDL (comité de liaison) de l'Isère. Dans ce cas, il m'est impossible de délivrer une attestation. »

La suite ne se fait pas attendre. La commission régionale reprend les termes du témoignage du compagnon de la Libération : « Pelat n'a jamais été au Vercors, n'a pas appartenu au CDL de l'Isère, et ses déclarations sur son activité dans ce département relèvent de la pure fantaisie. » Suit la signature de quatre militaires. Et la conclusion :

« Avis défavorable. »

Et le dossier Pelat se clôt définitivement, le 22 mai 1954, par un courrier catégorique. Il s'agit d'une lettre provenant de la direction militaire de l'armée de terre, 6e bureau, tél. Port-Royal 5329, poste 19.

« Le secrétariat à la Guerre à monsieur Pelat :

J'ai l'honneur de vous faire connaître que votre demande d'intégration dans les Réserves au titre de la Résistance, que vous avez établie en août 1951, n'a pas été retenue (décision 7ITG/ du 19.2.1954). À cette occasion je tiens à souligner que le grade fictif de capitaine, qui vous a été attribué par le ministère de la Guerre le 18 avril 1945, n'était valable que pour la durée de la mission. Ce titre est destiné à reconnaître les services rendus dans les Forces françaises de l'intérieur pendant la période du 1.2.44 au 25.8.44, mais il ne vous confère aucune nomination dans les cadres de l'armée active ou dans les Réserves (souligné). En conséquence, votre situation militaire n'est pas modifiée. Vous n'êtes détenteur d'aucun grade dans les Réserves. »

Et c'est signé :

« Pour le secrétaire d'État, et par délégation, le général directeur. P.O. le commandant Boitte, chef du 6e bureau. »

Cette fois Pelat a compris. L'armée lui claque la porte au nez. Tant pis pour elle ! En ce qui le concerne, il demeure et restera toujours « le colonel Patrice de la Résistance ».

*

* *

Les années Mitterrand s'égrènent et cette histoire d'homologation semble oubliée. Mais soudain, en 2010, une équipe de chercheurs, sous la direction de Bruno Fuligni, publie, avec pour titre *Dans les archives inédites des Services secrets*, le dossier FFI de François Mitterrand. On découvre alors que le futur président de la République a effectué les mêmes démarches d'homologation au grade de FFI que Pelat, exactement au même moment et au même endroit.

Le colonel Patrice, on s'en souvient, avait fait sa demande le 9 novembre 1944, juste après les combats pour la Libération de Paris. Nous découvrons dans ces archives, demeurées longtemps secrètes, que son meilleur ami avait envoyé exactement le même questionnaire, six jours plus tard !

De là à imaginer les deux amis rédigeant ensemble

le précieux formulaire, chacun y allant de son conseil ou de sa petite exagération, il n'y a qu'un pas…

D'ailleurs, à l'époque on se moquait déjà des ascensions foudroyantes dans la hiérarchie militaire, illustrées par une boutade du général de Gaulle devenue célèbre : lors d'une inspection à Toulouse, le Général défile devant un parterre de colonels, de commandants et de capitaines et tombe en arrêt devant un militaire qui ne porte que les simples galons de sergent-chef. Mi-goguenard, mi-sérieux, il lui lance : « Tiens, vous, vous ne savez pas coudre ! »

Dans son questionnaire, François Mitterrand commence par déclarer qu'il est le fondateur du MNPGD, ce qui ne porte pas à contestation. Puis il prétend que son organisation a été incorporée dans les FFI en avril 1944, ce qui est moins évident.

Comme Patrice, il détaille ses grades et ses faits de guerre. Il écrit qu'il a été « fait capitaine en décembre 1943 (Londres, BCRA), commandant en janvier 1944 (chargé de mission pour la France), lieutenant-colonel en juin 1944 (comité directeur du MNPGD) »... Et, enfin, il déclare qu'il a « assuré la direction des opérations clandestines du MNPGD en liaison avec l'état-major général des FFI ».

Et nous retrouvons le même militaire, le colonel Lézé (qui avait porté la première et bonne appréciation sur Pelat), notant, cette fois-ci, à propos du futur président de la République : « Intelligent. Culture générale étendue… Tempérament de chef »… Mais il ajoute cette phrase ambiguë : « Les services rendus dans la Résistance par M. Mitterrand ne sauraient être contestés, mais il semble qu'ils n'ont pas de rapport avec un grade FFI. »

Pourtant, de la même façon que le colonel Patrice a été homologué capitaine, François Mitterrand obtient le grade de commandant des FFI en avril 1946. Cinq ans plus tard, le député de la Nièvre, déjà quatre fois ministre, tient à rajouter à son blason ce fleuron de FFI qui confirme définitivement son action dans la Résistance. Il demande donc officiellement le parchemin.

Seulement l'armée, pointilleuse sur ses principes, ne délivre pas les bons points sur simple demande. Une note adressée à la direction rappelle : « Certes, l'action résistante de monsieur Mitterrand est connue de tout le monde, mais le MNPGD n'est pas un mouvement reconnu au titre FFI. » Conséquence, il faudrait supprimer le titre accordé trop facilement... L'auteur de la note conclut, plus florentin encore que François Mitterrand : « Une telle solution ne manquerait pas d'avoir, sur le plan politique, en raison de la personnalité de monsieur Mitterrand, les répercussions que l'on devine... »

Alors, le ministère de la Défense trouve une astuce : l'homme politique ayant incontestablement participé à la Libération de Paris, la qualité de FFI lui sera accordée par la section régionale du mouvement et non sur le plan national ! Et donc, le 17 septembre 1952, Mitterrand recevra enfin son attestation. Mais il n'en a pas fini pour autant avec l'image de son organisation.

En 1981, une fois élu, le président de la République tente toujours de faire reconnaître « son » MNPGD comme une « unité combattante » de la Résistance. Il semble vivre les refus répétés de l'armée comme des affronts contre sa personne. Des offenses qui méritent réparation…

Dans leur livre *Vichy, un passé qui ne passe pas*, Éric Conan et Henry Rousso racontent l'histoire mouvementée de ces tentatives infructueuses : « À l'automne de 1981, peu après la victoire de la gauche à l'élection présidentielle, les services juridiques du ministère des Anciens Combattants sont chargés d'explorer les possibilités […] d'accorder (au MNPGD) le titre suprême d'unité combattante »… Mais l'affaire s'avère plus compliquée que prévu. Les services de l'armée traînent les pieds. « Quelques années plus tard, poursuivent les auteurs, le 1er mars 1984, Pierre Mauroy signe un décret stipulant que « les formations de la Résistance non reconnues comme telles et non homologuées comme unités combattantes pourront, par déclaration spéciale du ministre chargé des Armées, être assimilées à des mouvements de la Résistance ou à des unités combattantes […] »

Puis deux commissions sont constituées par le ministre de la Défense de l'époque, Charles Hernu, pour approfondir la question. L'une d'elles, dirigée par un grand résistant, le colonel Francis Masset, joue la montre. Ce qui irrite et impatiente l'Élysée. Le 17 février 1986, la commission est convoquée en urgence aux Invalides par le nouveau ministre de la Défense, Paul Quilès, pour donner son avis sur cette si importante affaire.

Elle repousse l'examen du cas du MNPGD car : « Le dossier est incomplet. » Crime de lèse-majesté !

Alors que le procès-verbal de la réunion n'est même pas encore rédigé, Paul Quilès signe, le 5 mars 1986, à quelques jours des élections législatives (que va perdre la gauche), trois arrêtés dont l'un assimile le MNPGD à une unité combattante ! Le Président est satisfait. Mais le responsable de la commission, Francis Masset, ne lâche rien et écrit au nouveau ministre de la Défense, André Giraud, pour lui faire part de sa « stupéfaction » dans cette affaire de passe-droit. Il lui demande « d'intervenir afin que les responsables de cette forfaiture soient sanctionnés » ! Réponse embarrassée du ministre, qui préfère ne pas affronter François Mitterrand : « Cette affaire appartient au "domaine réservé du Président" et ne sera pas "envenimée". » Habile formulation ! Francis Masset, indigné et fou de rage, dépose un recours en annulation contre la décision auprès du Conseil d'État. Finalement, cinq ans plus tard, après moult péripéties juridiques, le Conseil d'État annule les arrêtés de 1986… et le MNPGD se retrouve à la case départ.

Mais Mitterrand n'a pas dit son dernier mot. Pas question de renoncer aussi près du but. Il y va de son honneur. Profitant de la démission du remuant Masset, il demande, une fois encore, au ministère de la Défense de revoir sa copie. Un an plus tard, sa volonté sera (enfin) respectée : le 11 mai 1992, le ministère de la Défense accorde à son mouvement le titre si convoité !

Si Patrice a suivi scrupuleusement les leçons du maître, ses vœux à lui ne furent pas exaucés. Il est vrai qu'il n'a pas été président de la République…

– 6 –

VIBRACHOC
LES RESSORTS DE LA RÉUSSITE

Ding, ding, dong ! Les cloches carillonnent joyeusement ce 28 octobre 1944, et le soleil inonde le parvis de la petite église Saint-Séverin, au cœur du Quartier latin. François Mitterrand a eu vingt-huit ans la veille et sa jeune épouse fêtera ses vingt ans le lendemain. Danielle est rayonnante dans sa robe longue immaculée et son voile en tulle, un bouquet d'edelweiss à la main.

Sabre au clair, les officiers du bataillon Liberté du colonel Patrice forment une haie tout le long du tapis rouge, déroulé en grande pompe devant l'entrée de l'église.

La sœur de la mariée et le meilleur ami de Mitterrand seront les grands organisateurs de ces festivités. Ils se démènent en cette période de disette pour que la cérémonie soit somptueuse, et ne ménagent pas leurs efforts. Christine a trouvé la soie sauvage pour la robe à traîne de la mariée. Pelat s'est chargé du décorum et de l'intendance.

Au soir de sa vie, Danielle se souvient avec émotion : « Patrice a couru la campagne pour rassembler tout le nécessaire, et même plus, pour le déjeuner, préparé par un cuisinier, ami de la Résistance. »

Tous les copains sont là, Bernard Finifter évidemment, mais aussi Jean et Ginette Munier, montés de Toulouse, François Dalle et l'élégant André Bettencourt qui a aidé le jeune marié à enfiler son habit. Patrice, de sa belle voix grave, entonne tout le répertoire des chansons des prisonniers. La petite Danielle se mêle aux chanteurs puis éclate en sanglots devant une assistance attendrie.

« Je vois la scène en observatrice, écrira-t-elle, comme s'il s'agissait de quelqu'un d'autre. Que c'est beau ! »

Pour alimenter la légende, le maire, troublé devant un tel parterre, aurait dit : « Le choix de la Résistance incombe au mari ! », faisant rire aux larmes l'assemblée. Autre incident qui restera gravé dans les mémoires : le jeune marié, regardant la montre de son voisin (il n'en porte jamais) se serait écrié : « Je dois partir ! »

Danielle n'en revient pas.

– Mais où allez-vous ? lui demande-t-elle, sidérée.

On sait que Mitterrand abhorre les questions sur son emploi du temps, mais la journée est quand même un peu particulière… Alors il répond :

– Je dois diriger une réunion du MNPGD dans une salle du Club avenue Matignon.

Danielle n'hésite pas une seconde :

– Je vous accompagne, déclare-t-elle en retroussant ses jupons blancs.

C'est donc en robe de mariée qu'elle assistera pour

la première fois à une réunion politique de son époux ! L'histoire ne dit pas si Patrice les a conduits, mais il en était bien capable...

En tout cas, il a réussi à récupérer deux appartements dans le même immeuble, l'un pour Christine et lui, l'autre pour François et Danielle ! Des locaux occupés par des Allemands et que le colonel Patrice a repris on ne sait trop comment... Mais pas dans n'importe quel quartier ! Il s'agit d'un immeuble cossu de l'avenue de Maréchal-Lyautey, en face de l'hippodrome d'Auteuil et du bois de Boulogne, dans l'un des coins les plus prisés de Paris. Pelat a expliqué à Danielle que ce décor verdoyant lui rappellerait la campagne de Cluny. Il doit penser aussi qu'une telle adresse sera bonne pour la carrière de François et, sans doute, pour la sienne en devenir... Car maintenant, pour Mitterrand comme pour lui, il faut songer à l'avenir.

La France sort de cinq années catastrophiques, le pays est en ruine. Tout est à reconstruire. Patrice envisage-t-il une carrière politique, comme son mentor ? On pourrait d'abord le penser.

Le 29 avril 1945, à vingt-sept ans, il se présente aux élections municipales de Boulogne-Billancourt. Il est élu. Et bien élu : il fallait 16 923 voix pour passer, il en obtient 22 307. Sur la liste des résultats que nous avons retrouvée à la mairie, on peut lire : « Pelat, dit colonel Patrice », afin qu'il soit clair pour les électeurs que le candidat est un héros de la Résistance. Il est le seul dont le nom soit accompagné de ce type de mention. Difficile de savoir ce qu'il voulait obtenir avec cette élection, car il se désintéresse très vite de la politique. « Pelat, dit colonel Patrice » n'apparaîtra que trois fois aux réunions du conseil municipal, puis passera à autre chose. Tout de même, c'est une jolie revanche pour le fils d'Angèle, domiciliée toute son enfance dans la rue jouxtant la mairie et qui trimait dans une blanchisserie à « laver le linge sale des autres », comme dit Jouvet dans le film *Entrée des artistes.*

Mais la période bénie du bois de Boulogne ne dure pas longtemps. En juillet 1945, les Mitterrand perdent leur petit Pascal, qui meurt peu après sa naissance d'une épidémie de choléra infantile. Patrice était bien sûr le parrain. Les parents sont effondrés et Danielle demeure inconsolable. De surcroît, le beau projet de mariage de Christine et Patrice vole en éclats.

La relation du couple a toujours été volcanique. La famille Mitterrand se souvient de scènes mémorables où Patrice dévalait les escaliers, une Christine en folie amarrée à sa chevelure ! Mais cette fois, la sœur de Danielle a un sérieux motif d'en vouloir à son compagnon. Alors que leur mariage est prévu en grande pompe quelques jours plus tard, elle découvre que le beau Patrice entretient une liaison avec Lycette Darsonval. Une idylle peu discrète puisqu'il s'affiche avec cette ravissante danseuse de l'Opéra découverte par Serge Lifar. Lycette aura été la première ballerine à porter le titre de « danseuse étoile ». Elle a tenu un rôle dans *Douce*, le film de Claude Autant-Lara tourné en 1943. Autant dire que c'est une « star » de l'époque.

Christine, qui n'a pas la fibre complaisante, rompt définitivement et jette dehors son fougueux colonel. L'infidélité de Patrice va être très mal vécue par Danielle, et Pelat va juger préférable de prendre le large un moment. Il quitte donc le boulevard du Maréchal-Lyautey pour s'installer dans une jolie maison à Ville-d'Avray, presque à la campagne. Mais la brouille ne va pas durer longtemps, surtout avec l'ami François que les incartades conjugales n'effarouchent pas outre mesure…

Maintenant, il faut sérieusement se mettre au travail, et donc en trouver. Durant la guerre, Patrice s'est découvert un don certain pour le commandement et pour le contact humain. Et un talent de bateleur incontestable. On l'aime et on lui obéit. Jean-Christophe Mitterrand dira, admiratif : « Patrice aurait pu vendre n'importe quoi à n'importe qui ! » Il va devenir directeur commercial dans une société qui sera mise en liquidation en 1950. Puis il prend la direction de l'équipe de fabrication d'une entreprise de machines textiles. « Pelat y introduit, constatera un proche, l'esprit de commando qui restera sa grande qualité. Il est familier avec les ouvriers, mais intransigeant. Il tutoie, demeure amical, mais exige un travail impeccable. » La pâte avec laquelle on fabrique les bons patrons… Il ne compte pas ses heures, ni ses nuits. Son énergie est communicative, son envie de réussite, foudroyante.

Patrice veut tout, tout de suite. Pour cela, plus question d'être l'employé d'un autre ; il désire être son propre maître, diriger sa boîte à lui. Il va commencer par un commandement à deux, grâce encore à l'aide de son copain de stalag.

*
* *

Comme avant et comme toujours, François et Patrice vont en effet tracer leur chemin ensemble et s'entraider dans leurs carrières respectives. Pelat, fort de son image de héros de la Résistance, est envoyé en émissaire pour sonder les caciques de l'UDSR (l'Union démocratique et socialiste de la Résistance), un parti de gauche qui pourrait soutenir la candidature de son copain aux élections législatives. Selon Franz-Olivier Giesbert, deux responsables du mouvement, Antoine Avinin et Eugène Claudius-Petit, lui lancent en chœur : « Dis, ton Mitterrand, il est pas connu, tu sais ! »

Mitterrand décroche pourtant l'investiture pour l'un des secteurs du département de la Seine, mais il sera battu. Un peu plus tard, il prendra sa revanche et sera élu, en province, dans la Nièvre. Une surprise qui va constituer le tremplin de sa trajectoire parlementaire et ministérielle. Il est assez cocasse aujourd'hui de découvrir qu'à la sortie de la guerre François Mitterrand a eu besoin de l'aura du colonel Patrice pour démarcher des responsables politiques !

En retour, François présente à Pelat une personne de choix qui pourra l'aider à se lancer dans l'industrie, son frère Robert. (La famille comporte huit enfants.) À première vue, l'association n'est pas évidente. Robert est un polytechnicien distingué. En 1950, il devient directeur de cabinet du petit frère François, au ministère des Anciens Combattants. Il représente le prototype du haut fonctionnaire, discret, classique, efficace. Rien à voir avec Patrice, l'aventurier sans bagage, porté par son énergie et qui table sur une chance qui ne l'abandonne jamais.

Pourtant leur collaboration va les ravir tous deux. Pour un temps. D'autant plus que l'ingénieur, autant que l'ouvrier, veut se lancer dans les affaires. Ainsi Pelat, à peine introduit dans l'industrie, revient, en quelque sorte, au sein de sa famille d'accueil. Robert écrit : « Patrice se trouvait trop démuni pour être exigeant au départ, mais son ambition contenue n'en était pas moins inflexible. Il voulait réussir et il réussirait. »

Sans beaucoup de moyens mais avec de l'audace, Robert et Patrice se lancent dans l'exportation d'équipement industriel, et se spécialisent dans la vente de matériel minier. « Nos expériences, écrira dans ses Mémoires Robert Mitterrand, se complétaient ; et nos inclinations aussi. Bien qu'ingénieur, j'étais porté vers la prospection des affaires et la négociation des contrats. Patrice était plus près de l'industrie et du travail d'usine. De surcroît, nous nous entendions bien et nos rapports étaient toujours empreints de bonne humeur. »

Les deux hommes payent de leur personne et assurent le service après-vente, en transportant parfois eux-mêmes cinquante kilos de matériel. L'ingénieur se souvient d'une aube glaciale, à Saint-Étienne, où le tramway avait tout bonnement déraillé alors que les deux commis voyageurs transportaient leur lourde charge.

– Et me voilà, assisté du colonel Patrice et de cinq ou six voyageurs, qui me mets en devoir de ramener le véhicule municipal dans le chemin de la légalité.

Qu'on ne s'y trompe pas : cela veut simplement dire « remettre le wagon sur les rails ». Et d'ajouter avec un style très boy-scout :

– Un exercice que je recommande à mes camarades de Polytechnique !

Pour décrocher de nouveaux clients, Robert s'envole pour les États-Unis. Il rencontre un Américain nommé Robinson qui a créé sa propre compagnie aérienne. Cet entrepreneur ingénieux a aussi mis au point un dispositif « permettant de protéger ses instruments de navigation des vibrations de ses moteurs ». Une technique révolutionnaire pour l'époque, qui préfigure les amortisseurs modernes. L'Américain se dit prêt à confier la licence de son invention à ce sympathique Français pour qu'il la commercialise en Europe. Dans la foulée, un contrat est même signé en bonne et due forme.

« À mon retour des États-Unis, écrit Robert Mitterrand, Patrice m'accueille avec son entrain habituel. »

Pourtant, assez vite, cette collaboration joyeuse va s'assombrir. En 1952, Robert est nommé conseiller du Commerce extérieur, une bonne « gâche » qui ne nuit pas aux affaires mais qui le conduit à voyager de plus en plus souvent. « Patrice, écrit Robert avec tact, dirigeait la maison avec adresse et fermeté. Il était toujours animé d'un grand esprit d'initiative, et j'avais parfois la surprise, en rentrant à Paris, de trouver des transformations sur lesquelles j'aurais bien aimé qu'il eût pris soin de me consulter [...] De surcroît, le fonctionnement d'une association à parts égales, telle qu'elle était prévue au départ entre Patrice et moi, rencontrait des obstacles que nous n'avions pas aperçus dans l'enthousiasme des premiers mois. Pour toutes ces raisons, nous nous dirigions doucement vers une séparation à l'amiable. »

Derrière ces lignes aimables, on comprend aisément que Robert ne supporte plus les initiatives de son bouillant associé, devenu envahissant et qui n'en fait qu'à sa tête... Bref, les deux hommes se séparent et Robert conclut : « Notre trésor de guerre permettait un partage relativement facile dans lequel les brevets rapportés d'Amérique revenaient à Patrice. »

En réalité, il semble que Pelat ait dû en racheter une partie. D'où, peut-être, les périphrases de Robert à son égard. Lors d'un déjeuner, Patrice contera à sa façon cet épisode au fils du Président, Jean-Christophe Mitterrand : « Robert m'a dit : "J'ai acheté un brevet aux États-Unis mais je ne sais pas à quoi ça sert." Je lui ai répondu tout de suite : "Je te l'achète... sauf que je n'ai pas d'argent !" » Une boutade bien dans son style, mais dont le frère de François ne souffle mot dans son livre. Elle fait encore rire son neveu.

*

* *

Mais une jeune femme va à nouveau bouleverser la vie de Pelat et lui donner enfin les moyens de ses ambitions. Encore une histoire d'amour et de train… Patrice aurait en effet rencontré cette grande brune racée dans une gare. Jacqueline est issue d'une très bonne famille, catholique, de droite et très riche. Son père, Henry Lartigue, cousin, dit-on, du célèbre photographe de la Belle Époque, possède des théâtres et de nombreux cinémas. Il fréquente le Tout-Paris, les grandes stars de l'époque, Fred Astaire, Maurice Chevalier, Picasso… L'été il est chez lui, à Biarritz, où il possède des parts au casino et au Grand Hôtel, tout en restant étonnamment discret et peu connu du grand public.

C'est un homme courageux, à la conduite irréprochable durant l'Occupation. Son petit-fils, Olivier, raconte que son grand-père a été un temps interpellé par la Gestapo qui lui reprochait d'avoir protégé des Juifs : « Dans ses salles de cinéma, il y avait plus de gens cachés que de clients ! » Après la guerre, ce gaulliste convaincu a soutenu financièrement le RPF, le parti politique créé par le général de Gaulle. Depuis que celui-ci a quitté le pouvoir en 1946, ses fidèles peinent à faire vivre le mouvement et Lartigue est ouvertement un généreux donateur. Il côtoie ainsi de nombreux gaullistes dont il est aussi l'ami : André Malraux, André Bettencourt, Jacques Baumel, des personnalités que Pelat a lui aussi rencontrées au cours de ses pérégrinations. On dit même que le Général passait parfois rue de Courcelles saluer les Lartigue lorsqu'il quittait sa maison de Colombey pour séjourner à Paris.

Contre toute attente, l'ancien ouvrier séduit immédiatement sa future belle-famille. D'autant que son futur beau-père est, lui aussi, un quasi-autodidacte. Henry est le fils de l'instituteur de Saint-Michel-de-Castelnau, dans le Sud-Ouest, là où il est né. Très tôt, il est parti chercher fortune en Amérique, et il s'est bagarré seul pour réussir, comme Patrice. Le couple Lartigue adopte ce solide gaillard dont il pressent les capacités et qui est déjà auréolé d'un passé héroïque. La belle Jacqueline est très éprise et le restera toute sa vie. Les fiançailles sont courtes, juste le temps nécessaire pour organiser des noces élégantes.

Le 7 octobre 1952, Patrice Pelat prend pour épouse Jacqueline, Hélène, Rose, Marie Lartigue à la fameuse mairie de Neuilly, qui se targue du plus important ratio de Légions d'honneur au mètre carré du pays. Mais c'est surtout à cause du maire qu'ils ont choisi cette mairie-là. Achille Peretti, élu historique de la ville, est un résistant au passé glorieux. Cet ancien policier au regard bleu acier a rejoint très tôt les rangs des Forces françaises libres à Londres, puis a pris en charge des réseaux de renseignement en France occupée. Il a assuré la protection du général de Gaulle lors des journées mémorables d'août 1944, au moment de la Libération de Paris, avec la 2e DB de Leclerc.

Angèle est montée de Paimpol. Jean a revêtu son costume de fête. Tous les amis sont là, les Finifter, les Bettencourt et François Dalle, patron de L'Oréal. Et les deux témoins du couple sont des personnages imposants mais qui ne connaîtront pas exactement le même parcours politique : André Malraux et François Mitterrand.

À ce moment-là, Mitterrand est charmé et sans doute flatté de cet attelage inespéré avec un écrivain d'une telle notoriété... Mais cette attirance purement littéraire ne durera pas longtemps. Plus Malraux se rapprochera du Général – jusqu'à devenir son ministre de la Culture –, plus Mitterrand le poursuivra de sa vindicte. Il ira jusqu'à proclamer : « Malraux est plus un beau parleur qu'un écrivain. » Et de concéder : « Il ne restera de son œuvre, pour la postérité, que *L'Espoir.* »

Les raisons de cette haine sont essentiellement politiques. Avec sa verve incandescente, le thuriféraire du Général n'a-t-il pas accusé, en 1965, le candidat de l'Union de la gauche de vouloir couper la France en quatre « puisqu'il est le candidat unique de quatre gauches, dont l'extrême droite » ! Une boutade qui a dû atteindre François Mitterrand directement au cœur. Et Christophe Barbier résume ainsi ce venin littéraire : « Mitterrand a retranché de sa vie des épisodes qui le dérangeaient, quand Malraux enluminait la sienne d'aventures rêvées. Malraux a menti par exagération et Mitterrand par omission. Mitterrand a regretté de n'être pas un héros du XIXe siècle, Malraux s'est donné les moyens d'être un héros du XXe. »

Après ce brillantissime mariage civil, les jeunes mariés sont unis devant Dieu et devant une assemblée raffinée, de toutes les couleurs politiques, à l'église Saint-Pierre de Neuilly. Le couple s'installe dans un magnifique appartement au troisième étage du 14, rue Margueritte, un square privé situé dans le XVIIe chic, le quartier de Marcel Proust. L'immeuble est protégé de la rue par une haute grille noire d'où l'on aperçoit un jardin élégant, avec sa nymphe en bronze vert, les pieds trempant dans un petit bassin. L'adresse est particulièrement bien fréquentée. Au deuxième étage de cet immeuble ancien qui n'en compte que quatre, on trouve Jacques Baumel, ami de la belle-famille, ancien résistant et futur ministre. Au rez-de-chaussée et au premier étage habitent un avocat au Conseil d'État et son épouse, revêtue de Chanel comme d'un uniforme, la très redoutée Marie-France Garaud. Elle deviendra bientôt l'éminence grise du président Pompidou puis de Jacques Chirac.

Le seigneur de Boutigny

Les affaires ne traînent pas. Le 12 janvier 1953, Pelat crée la société Vibrachoc, avec pour objet « toutes les activités liées aux appareils mécaniques, électriques et électroniques, plus particulièrement les amortisseurs et les appareils vibratoires ».

Il se lance dans la fabrication de matériel à partir des brevets américains qu'il a récupérés quand il s'est séparé de Robert Mitterrand. Son beau-père, qui a financé l'affaire, partage avec sa fille, la jeune madame Pelat, le titre de gérant. Patrice, lui, occupe le poste de directeur. Voilà qu'il tient les rênes d'une entreprise et va, enfin, pouvoir montrer de quoi il est réellement capable ! Même si l'on est assez loin de la légende du petit chèque de 10 000 francs pieusement conservé dans sa comptabilité, avec lequel il aurait, dit-il, fondé sa société, il faut admettre que la réussite fulgurante de l'entreprise tient vraiment à ses qualités propres, à un cocktail dynamique de méthodes de travail, de gestion du personnel et de relations avec les clients, son domaine d'excellence.

Patrice Pelat choisit la petite ville de Boutigny-sur-Essonne – sept cent cinquante habitants à l'époque – pour y construire une usine ultramoderne sur les hauteurs. Boutigny ne paye pas de mine : c'est une bourgade assoupie, sans charme particulier, mais un site proche de Paris et facile à approvisionner en matériel. Pelat, qui se souvient de son expérience d'ouvrier en usine, crée des ateliers spécialisés, des petites unités de production quasi autonomes.

Par instinct, il renoue avec une tradition du patronat social. On a vraiment l'impression que l'on baigne dans la mythologie du travail idyllique version Fourier. Et, comme Patrice a également le sens de la famille, il fait revenir en France son frère Jean, parti tenter sa chance en Afrique, pour qu'il prenne la responsabilité d'un des ateliers. Le bonheur de mes ouvriers fait mon bonheur et inversement…

Pour drainer de toute l'Essonne une bonne centaine d'employés – ils seront quatre cent cinquante dix ans plus tard –, il installe un système de transport par bus. Ses ouvriers, qui l'appellent soit « patron » soit, pour les plus proches, simplement « Patrice », le surnomment avec affection « la locomotive ».

Nous avons retrouvé trois anciens employés de son entreprise. Tous parlent de lui avec émotion, parfois avec des sanglots dans la voix. Désormais retraités, ils regrettent ce patron si entreprenant et si proche d'eux. Un chef qui vous marque pour la vie.

– Patrice Pelat ? Alors là, c'est toute ma jeunesse ! soupire Bernard Meunier, toujours actif au conseil municipal de Boutigny.

Cet homme calme réfléchit avant de s'exprimer, moins par calcul que par crainte de mal dire ou de dire du mal. Bernard habite un joli pavillon fleuri où trône, dans le jardin, une tour Eiffel en Meccano bleu-blanc-rouge. Il a connu Patrice Pelat à l'âge de huit ans, car toute sa famille travaillait pour la nouvelle usine du coin. Gamin, il vouait une admiration sans bornes à ce patron chaleureux qui rendait visite à ses parents, sans faire de chichis, juste « pour causer un peu ». C'est tout naturellement qu'à dix-sept ans il a pris le chemin de Vibrachoc.

– Un peu plus tard, à vingt-trois ans, j'ai voulu quitter l'entreprise pour voir autre chose. Quand on est jeune on veut bouger. Patrice m'a rattrapé par la manche : « Pourquoi tu pars ? Ton avenir est ici... » Et il a ajouté : « Tu remplaceras un jour mon frère. » Et il a tenu parole ! À trente-cinq ans, j'étais responsable d'atelier. Je me suis tellement plu dans ce travail que j'y suis resté (même après le départ de Pelat) jusqu'à ma retraite. C'était un notable, bien sûr, mais quelqu'un de tellement attachant. Sa boîte, c'était vraiment une entreprise familiale. D'abord, il a construit une maison avec quatre ou cinq logements pour les employés qui n'étaient pas du coin. Le matin, son bus ramassait les ouvriers à vingt-cinq kilomètres à la ronde.

– Patrice Pelat avait ses préférences. J'en faisais partie, je dois dire, explique avec une note de fierté Fernand Johan, qui a travaillé trente-deux ans à Vibrachoc. Les bons éléments, il savait les récompenser. C'était monsieur Pelat, d'accord, mais il tapait dans le dos de tout le monde.

Les deux hommes se souviennent du travail mais aussi des parties de chasse en famille avec Patrice et son frère.

– On chassait du petit gibier, mais aussi parfois du sanglier dans la forêt de Fontainebleau, raconte Bernard Meunier. Après la chasse, la fête. On faisait griller l'entrecôte en famille !

Le jeune patron venait d'acheter un cabanon, le Petit Bois, à Boigneville, près de Barbizon, où il conviait le week-end des amis de toutes les strates de sa vie et aussi, ce qui est plus inattendu, ses ouvriers préférés. Pour le plaisir de la chasse mais surtout de la convivialité.

– Parfois sa femme venait aussi. Elle apportait sans chichis des repas qu'elle avait préparés. Elle était réservée, simple mais grande bourgeoise, on voyait tout de suite le standing, dit Bernard, qui se souvient aussi de la maman du patron qui venait de Paimpol.

La vieille dame, toujours bretonne, toujours inscrite au Parti, visitait l'usine de son fils. De ses deux fils en quelque sorte, puisque Jean travaillait aussi dans l'entreprise. Ce qu'elle pensait de son capitaliste de fils, qui descendait parfois la voir en Rolls, l'histoire ne le dit pas. Peut-être un mélange de fierté et de sidération. Quoi qu'il en soit, elle a envoyé tous les jeunes de Paimpol, direction Boutigny, se faire embaucher par ce fils qui avait si bien réussi.

Quant au petit frère de Patrice… Fernand Johan nous confie :

– Ils étaient vraiment différents, tous les deux, on n'aurait pas dit des frères. Jean était gentil… peut-être trop… Il avait une sainte trouille de son frère, ça oui !

Quand Patrice arrivait, le lundi matin, dans sa voiture de luxe avec chauffeur, il fallait que tout brille, et il pouvait engueuler Jean, qui en était très malheureux. Mais son frère, c'était quand même son frère. Quand Jean s'est marié, Patrice lui a fait construire une petite maison blanche avec un grand terrain et la forêt derrière, à cinquante mètres à peine de l'usine.

Une grande femme blonde, qui a dû faire battre pas mal de cœurs dans les années 1960, a connu Patrice, comme elle l'appelle familièrement, quand il venait déjeuner dans l'auberge de ses beaux-parents. Ensuite elle est partie comme tout le monde travailler à Vibrachoc. Elle a aussi son opinion sur la fratrie. Elle rit en caressant un petit chien qu'elle garde en pension dans son pavillon rempli de bibelots : « Des dragueurs tous les deux, je vous le dis ! » Et d'ajouter sur le ton de la confidence :

– Je suis contente que mon mari, aujourd'hui décédé, qui a travaillé vingt-cinq ans à Vibrachoc, n'en ait rien su, mais je me suis trouvée trois ou quatre fois dans les bras de Patrice, maintenant je peux le dire !

Et elle soupire avec un mélange de pudeur et de fierté :

– Ah, ce sacré Patrice !

Mais Pelat se révèle un patron avant tout.

– Patrice n'avait pas son pareil pour discuter avec les syndicats, déclare Meunier. Et pourtant la CGT, à l'époque, je vous prie de croire que c'étaient des durs ! Mais bon, tous le respectaient car monsieur Pelat savait leur parler d'homme à homme. Et il tenait parole.

Parfois, cependant, « la locomotive » les désarçonnait, avec ses amitiés prestigieuses. Surtout qu'il pouvait en jouer avec humour. Comme ce jour où, mariant son fils aîné – qui portait le même prénom que lui – à la mairie de Brétigny, Pelat présente François Mitterrand – alors responsable du PS – au délégué du personnel CGT de son entreprise, avec un sourire de gamin aux lèvres : « Vous allez pouvoir discuter entre vous ! », leur dit-il. Sous-entendu : « Entre gens de gauche ! » Il mariera bientôt la plupart des enfants de ses amis, dont la fille de jean Munier, son vieux copain du stalag qui s'est installé à Latché, dans les Landes, tout près de la bergerie de François, avec sa femme Ginette.

Car Pelat va devenir maire ! Sous quelle étiquette ? Il ne s'embarrasse pas d'étiquettes. Les guerres des clans politiques, pas pour lui ! répète-t-il.

Et il sera réélu quatre fois à la mairie de Boutigny. Très vite, il brigue le conseil général de l'Essonne.

Le rédacteur de son journal de campagne (naturellement acquis à sa cause) ne fait pas dans la dentelle. Le 7 octobre 1971, il écrit à son propos : « Quand on voit ce diable d'homme, à la silhouette trapue, au sourire malicieux, à la face énergique et rassurante, on se sent emporté par une vitalité contagieuse. Pendant qu'il bavarde, lançant ses petites phrases rapides, battantes, il a le visage tendu vers vous comme s'il voulait vous insuffler son ardeur de vaincre et de convaincre. Puis il enlève placidement ses lunettes et se recule pour juger en riant de l'effet produit. Une locomotive sous pression. »

Notre rédacteur, conquis, termine son papier par une série de questions, dont celle-ci :

– Comment pouvez-vous vous définir politiquement ?

– Je suis un homme de la Résistance, répond Pelat, de l'action résistante, un ancien ouvrier aussi, et un homme indépendant. J'ai trop connu les problèmes des plus défavorisés, j'ai un souci de faire régner, autant qu'il est en moi, le maximum de justice, de procurer le maximum de bien-être, de répondre aux vœux de nos jeunes, aux besoins de nos anciens, d'effacer les fausses hiérarchies, pour laisser les hommes tels qu'ils sont, face à face, sans compliquer leur vie avec des tabous, des théories compliquées, des rancunes ou des haines… S'entendre pour le mieux, voici ma devise. »

Inutile de dire que notre candidat sera le mieux élu du département, mais qu'auparavant son adversaire socialiste va souffrir, beaucoup souffrir pendant la campagne.

D'abord on lui annonce l'arrivée de François Mitterrand pour l'après-midi… Il n'en revient pas ! Le premier secrétaire du Parti socialiste, en chair et en os, honore de sa présence Boutigny, avec ses neuf cents habitants ? Puis il a la désagréable surprise de voir son célèbre allié politique se rendre… directement à la permanence de son rival, chez l'ami Pelat !

Et comme si tout cela ne suffisait pas, on raconte en riant dans tout Boutigny que le flamboyant Patrice, quand il a vu les affiches de campagne de son rival, a déclaré à l'imprimeur : « Elles sont tellement hideuses, je vous les paye pour lui ! » Une contre-pub avant la lettre. Enfin, Patrice, présent dans la salle lors d'une réunion de son adversaire, va se lever et prendre sa place à la tribune, tellement l'orateur bafouille…

Mais le pragmatisme n'empêche pas d'apprécier les honneurs. Comme disait Jules Renard : « Il faut avoir le courage de ses faiblesses. »

Le 30 mars 1969, Patrice Pelat reçoit la rosette d'officier de la Légion d'honneur devant une centaine d'employés, aussi fiers et émus que le héros du jour. Son copain de la Résistance, André Bettencourt, devenu ministre de l'Industrie du général de Gaulle, la lui remet en prononçant un discours affectueux d'ancien camarade de lutte avec des trémolos dans la voix.

– Si un homme fut courageux, intrépide, actif, ce fut Patrice Pelat. Quand je dis courageux, je devrais peut-être dire téméraire, car je ne sais pas si tu as jamais eu, vraiment, le sens du danger. Dans les pires moments, ton regard brillait davantage et il y avait plutôt du bonheur dans tes yeux !

*

* *

Une personne a accompagné cette ascension de notable local, c'est Mireille Carpentier. Elle a été sa secrétaire à la mairie de Boutigny pendant seize ans. Son patron n'avait aucun secret pour elle. Et la famille Pelat aime à dire, sans doute avec un certain soulagement : « Mireille est une tombe. »

Aujourd'hui, celle qui déclare avoir soixante-seize ans en paraît vingt de moins (peut-être grâce à un vélo d'appartement qu'on aperçoit du salon ?). Toujours mince et blonde, c'est une femme aimable et un tantinet sur ses gardes qui nous ouvre la porte d'une maison confortable et claire, à l'orée d'un bois, non loin de Boutigny.

Mireille Carpentier nous fait savoir d'emblée qu'elle a prévenu madame Pelat de notre visite, puis se détend. C'est peut-être une tombe mais elle est vive et raconte bien.

En novembre 1967, Mireille a vingt-sept ans. Son mari est instituteur et ils ont deux petites filles. Pendant deux ans elle suit des cours par correspondance pour devenir secrétaire de mairie et, un jour, on lui parle d'un nouveau maire et d'un nouveau poste à huit kilomètres de chez elle, à Boutigny, où elle n'a pourtant jamais mis les pieds.

L'homme qui la reçoit lui paraît vieux, bourgeois, installé. Il a quarante-neuf ans. Il faut dire qu'il a changé très vite, passant en quelques années du colonel Patrice, façon Delon dans *Paris brûle-t-il ?*, au notable

Pelat, style Gabin dans *En cas de malheur* : trapu, tassé, en pardessus de cachemire et chapeau mou, mais l'œil percutant et la démarche alerte.

Dès ce premier rendez-vous, le ton est donné. Mireille est impressionnée par le côté grand seigneur du nouveau maire, qui demande à son chauffeur de la reconduire (en Jaguar, s'il vous plaît !) pour qu'elle n'ait pas à marcher jusqu'à la gare pour prendre son train. Et quand il reçoit de nouveau la jeune femme, trois jours plus tard, il lui dit simplement : « On m'a conseillé de ne pas vous prendre… alors je vous engage ! » Du Patrice pur sucre !

Désormais Mireille va faire toute sa carrière ou presque avec ce maire chaleureux, qui gère sa ville comme son entreprise. Avec cet homme du peuple, breton comme elle, ami des puissants, mais qui n'en demeure pas moins à l'écoute des autres. « Et en prime, dira-t-elle, le maire est un vrai visionnaire pour sa ville ! »

Le nouvel élu s'est enthousiasmé comme un gamin devant un jeu inédit du Monopoly. Et un jour, elle l'a vu déplier une carte de la ville et la pointer comme un général sur un champ de bataille.

– Boutigny va copier Paris, lance-t-il devant son conseil municipal médusé. Notre petite ville va se doter de la Madeleine, des Champs-Élysées, de la Concorde et de l'Assemblée nationale !

Et lorsque Mireille demande, avec un rien de provocation, ce que sera la mairie, son nouveau patron lui répond sans hésiter :

– Mais l'Assemblée nationale, bien sûr !

Aujourd'hui, Mireille sourit à l'évocation de ce débordement d'énergie et de jeunesse chez un homme déjà mûr et arrivé.

– Et on s'est mis au travail, poursuit-elle, on a élagué les arbres, canalisé la circulation, créé des ronds-points. Monsieur Pelat s'est arrangé pour faire transformer un hôtel délabré en centre médical avec une pharmacie, un médecin, un kiné et une infirmière. Un changement incroyable car, auparavant, il fallait prendre le train pour La Ferté-Alais afin d'acheter un médicament ou de voir un docteur.

Avec Pelat rien ne traîne, semble-t-il. On trouve toujours une solution. La gare est dans un piteux état ? Le maire délègue des peintres de son usine et le petit bâtiment brille de tous ses feux. Comment fait-il ? Avant même qu'on pose la question, Mireille répond :

– Oui, il savait faire jouer les bons pistons, mais c'était pour la bonne cause !

Et comme chez Patrice l'enfant n'est jamais loin, il est ravi de son garde-champêtre. Il s'appelle Sergent (ça ne s'invente pas).

– Dès qu'on avait un invité de prestige, raconte Mireille, Sergent devait enfiler ses gants blancs et sa belle tenue et se mettre au garde-à-vous !

Mais, pour la fidèle assistante, son travail c'est du plein temps, sans une minute de repos.

– Le samedi matin, le maire s'arrêtait au marché, il achetait des provisions qu'il distribuait ensuite à tout le monde et promettait plein de choses… Derrière, il fallait assurer, trouver la solution, dénicher la ligne budgétaire...

Sur la gentillesse de la famille Pelat en général, et de Patrice en particulier, Mireille Carpentier est intarissable. Il construit des maisons pour ses ouvriers, prête de l'argent aux uns, achète des jouets pour les petits à Noël. L'assistante est tellement intégrée à la famille de son maire qu'elle passe même de temps en temps à Paimpol faire une petite visite à Angèle, avec laquelle elle conservera des liens (« Nous sommes toutes les deux bretonnes ») jusqu'au décès de la vieille dame.

Le grand patron et les paradis fiscaux

Pour faire décoller son entreprise, Pelat va jouer de ses relations. Il s'attaque d'abord à l'aéronautique. Il parvient ainsi à décrocher, probablement avec l'aide de Pierre de Bénouville, l'ancien résistant, ami de Mitterrand et bras droit de Marcel Dassault, son plus gros contrat. Mais dans ce domaine de pointe et de haute technologie l'entregent ne suffit pas, il faut que le matériel soit de grande qualité. « Chez Dassault, dira-t-il en 1970 à *Paris-Presse* lors d'une de ses rares interviews, les exigences techniques sont telles qu'elles nous ont obligés constamment à nous dépasser. Aujourd'hui, il n'existe pas un avion volant en Europe qui ne soit équipé de nos matériels : les Mirage, les Mystères 20, les Bréguet Atlantic, les Saab suédois, les Fiat Macchi, les hélicoptères de la SNIAS, en attendant le Mercure et l'Airbus. » L'usine produit également le matériel d'éclairage des instruments de bord et de cabine.

Le voyant « Attachez vos ceintures », c'est lui ! Il

fabriquera aussi un équipement exceptionnel, une pièce rare qu'il montrera comme une pièce de musée : un petit embout en caoutchouc qui entre dans la fabrication d'un satellite. L'usine produira quatre exemplaires de cette pièce qu'aucun autre spécialiste n'est parvenu à fabriquer. Chèque du ministère de la Défense. Très gros chèque.

Pelat équipe parallèlement plusieurs sociétés de fabricants automobiles. Un marché florissant mais aussi, depuis toujours, une véritable passion. Les « belles bagnoles » seront son péché mignon. Le symbole visible de sa réussite sociale, mais aussi un désir d'enfant qui lui paraissait totalement inaccessible. Enfin, le bonheur de conduire de merveilleuses machines. Le premier marché passé avec Maserati lui permet d'acquérir un rutilant modèle sport de la grande marque italienne. Une voiture qui fera rêver le petit Jean-Christophe Mitterrand, qui s'en souvient encore. Tous les modèles y passeront : des Jaguar, y compris la type E, le modèle sport légendaire, considérée comme l'une des voitures les plus rapides du monde. Mais aussi BMW, SM Citroën, Mercedes, et même une Oldsmobile américaine, l'un des premiers modèles en France à avoir la climatisation, très agréable pour les vacances familiales en Corse. L'entrepreneur offre à sa femme Jacqueline des petites Austin break avec leur cadre en bois, très week-end chic à la campagne ; d'abord la rouge, puis la verte, et enfin la bleue. Pour sa première voiture, Jean-Christophe Mitterrand héritera de l'une d'elles en cadeau.

Et puis il y a la Rolls, la reine des automobiles. Ah ! cette fameuse Rolls dorée attribuée à Pelat, qu'il garait prétendument dans la rue de l'Élysée quand il allait rencontrer l'ami François ! Cette voiture symbolique fera longtemps les choux gras de la presse… Sauf qu'il s'agirait d'une légende ! Patrice Pelat n'a jamais possédé de Rolls dorée, jure sa famille, et il n'est jamais allé à l'Élysée au volant d'une voiture aussi ostentatoire et de « si mauvais goût » ! C'est vrai qu'à la toute fin de sa vie, il utilisera une Rolls, mais elle était noire et il ne s'en servait que pour se rendre dans sa propriété en Sologne ou chez sa mère. À Paris, il roulait en DS, puis en Renault 25, comme les ministres et les bourgeois de l'époque.

Les Rolls, c'était en revanche la passion de son fils Olivier, qui en a possédé plusieurs, dont le mythique modèle Corniche, le cabriolet décapotable, un bijou venu spécialement de Floride… Son importateur aura même un sérieux problème avec les douanes car il trafiquait ses factures.

Cette passion que Patrice Pelat a communiquée à ses enfants, qui passent des heures à comparer les mérites des cylindrées les plus onéreuses du monde, s'étend même, par ricochet, à ses ouvriers. Ils sont aussi prolixes sur les voitures de leur patron que sur ses mérites ! Le couple Meunier va passer dix bonnes minutes à nous détailler avec délectation les bolides du patron, comme on le ferait pour un cousin ou un vieux copain qui a gagné le jackpot au Loto !

Ses nombreux amis (bien nés) le parraineront, eux, au sein du prestigieux Automobile Club de France, place de la Concorde, où il côtoiera une France puissante et discrète. Dans ce monde des vieilles fortunes, il évoluera comme un poisson dans l'eau, réussissant à être à la fois nature, brut de décoffrage et élégant comme un authentique gentleman-farmer, avec un instinct infaillible... et le bon goût de son épouse Jacqueline, qui connaît évidemment tous les codes. Son originalité dans ce monde feutré – ancien ouvrier, résistant, ex de la guerre d'Espagne – fait vibrer tous ces messieurs à rosette. Patrice Pelat est l'exception qui confirme la règle, leur copain « ex-ouvrier ». Un parcours singulier à chuchoter dans les salons avec des : « Attendez de le rencontrer, vous verrez, c'est un type génial ! De plus, Mitterrand l'adore et il ne lui refuse rien. »

Mais son vrai domaine d'excellence, celui où il va se révéler, livrer la pleine puissance de sa nature – et, accessoirement, gagner beaucoup d'argent –, c'est l'international. Toujours, le « colonel Patrice » pointe le nez derrière l'industriel. L'exportation couvre en effet rapidement un tiers des activités de sa firme. « Pour enlever les marchés il faut monter de véritables opérations commandos ! », explique-t-il à ses cadres. Il se lance dans les expositions internationales « comme un forain fait les foires », racontent ses employés, qui n'ont jamais vu de patron de cette trempe. Il les haranguait : « Allez, les gars, il faut foncer ! », et il s'élançait comme à l'assaut d'un ennemi. De surcroît, le patron a un sens aigu de l'à-propos. Un jour, « la locomotive » expédie à Bucarest l'un de ses ingénieurs, avec pour mission d'installer un stand dans le hall de son Grand Hôtel pour vanter les mérites de Vibrachoc. Et, ultime consigne, il lui ordonne de commencer ses exposés techniques par un vibrant : « Bonjour, chers camarades ! »

D'ailleurs, Olivier Pelat affirme que sa mère apprend à l'époque une langue après l'autre (elle excellerait en chinois) pour recevoir dignement les clients étrangers. D'autant que le patron ne parle pas trois mots d'anglais. Et c'est aux « petits soins » que sont bichonnées les délégations étrangères qui visitent sa société.

Tous se souviennent d'un dîner dans un restaurant gastronomique de la région où des responsables de l'entreprise avaient invité une délégation allemande venue acheter du matériel après une visite de l'usine. À la fin du repas (pourtant bien arrosé), les Allemands ne paraissent toujours pas convaincus et hésitent à passer commande. Pelat, prévenu par téléphone de la catastrophe annoncée, débarque à 2 heures du matin, embarque tout le monde à Vibrachoc, et recommence à zéro les explications et les démonstrations, faisant préparer des stocks de café pour tenir un siège. À l'aube, il aura gagné la bataille et emporté le marché !

Et au-delà de ces sympathiques anecdotes qui bluffent son personnel, Pelat va transformer, lentement mais sûrement, son entreprise en une multinationale. Dans un premier temps, l'entrepreneur crée des filiales dans toute l'Europe : en Angleterre, en Italie, en Allemagne, en Espagne et en Suède. Il va jusqu'à ouvrir des bureaux aux États-Unis, à Phoenix en Arizona et à San Fernando en Californie. Il se lance même en

Amérique du Sud, n'hésitant pas à créer une succursale à São Paulo, au Brésil.

*

* *

Cependant, la réussite fulgurante du petit gars de Boulogne ne se fait pas sans zones d'ombre. En réalité, en sautant à pieds joints dans la cour des grands, il va utiliser des techniques financières pratiquées alors par bon nombre d'entreprises travaillant à l'étranger. Des circuits sophistiqués permettant d'échapper à l'impôt en France. L'argent atterrit sur les comptes de sociétés-écrans créées spécialement dans des paradis fiscaux. Ce qui permet également aux dirigeants – autre grand classique du capitalisme national et international – d'alimenter de copieux comptes en Suisse. Des dépôts soustraits, espèrent-ils, à la curiosité du fisc français. Des années idylliques pour les fraudeurs, mais qui, hélas pour eux, ne vont pas durer.

En septembre 1957, Pelat transforme sa SARL familiale en une société anonyme. Il en devient l'actionnaire principal, puis son PDG. Apparaît alors un deuxième actionnaire, beaucoup plus mystérieux, la société Arfina – établissement d'intérêt financier pour les pays du continent et d'outre-mer –, dont le siège social se trouve… à Vaduz, dans la principauté du Liechtenstein ! Onze ans plus tard, en 1968, Arfina monte en grade et s'empare de 44 % du capital de Vibrachoc.

Tout le système sera démonté bien plus tard au cours d'une enquête judiciaire concernant le fameux prêt accordé par Pelat au Premier ministre Bérégovoy. Le magistrat chargé de l'affaire, le juge Thierry Jean-Pierre, fera un rapport détaillé de toutes ces opérations. Il en ressortira que Pelat a monté un système assez sophistiqué pour se verser de l'argent à lui-même. Arfina va jouer le rôle de société-écran. Elle est censée en effet détenir des brevets pour lesquels Vibrachoc paie des royalties dans le but de les utiliser ou de les acheter. Bien sûr, tout est bidon. Lesdits brevets ont été mis au point dans les ateliers de recherche de Vibrachoc à Boutigny. Et, comme par hasard, les comptes d'Arfina se trouvent à Zurich, dans une succursale suisse de la banque Hottinguer. La banque de Patrice Pelat.

De 1973 à 1982, Vibrachoc France verse tout de même sur deux comptes à numéro d'Hottinguer Zurich (n°s 306036 et 306032) plus de 1 600 000 francs pour l'exploitation du brevet d'un « isolateur de vibration ».

La vérité apparaîtra au grand jour par la suite. Dans les archives de Vibrachoc, la justice va découvrir un document confidentiel (daté du 13 février 1970) où le tribunal de Vaduz certifie que Pelat est le seul propriétaire d'Arfina. En clair, une partie des bénéfices de Vibrachoc part se nicher – et évidemment prospérer – dans un paradis fiscal. La justice analysera les quelques tours de passe-passe entre ces sociétés qui donnent le tournis. Par exemple : pour faire ainsi tourner les capitaux, l'entrepreneur crée la société International Vibration Engineering (IVE), qui va devenir une puissante pompe à fric, servant là aussi d'intermédiaire entre les filiales et la maison mère. Michel

Guénot, le directeur financier de Vibrachoc, reconnaîtra lui-même qu'il s'agissait « d'une société parasite ». Le juge estimera que l'abus de biens sociaux, constitué par les fausses royalties payées par Vibrachoc à IVE durant dix ans, s'élèverait à 3 432 172 francs.

Mais l'affaire ne s'arrête pas là, et d'autres irrégularités émergent. Pour effectuer des transferts entre les filiales, Vibrachoc multiplie les sociétés-écrans aux noms très recherchés : Stop-Choc International, Stop-Choc Gmbh and Co KG... Le pompon sera détenu par une filiale allemande qui se nomme Stop-Choc Schwingungstechnik Gmbh und Co KG... (Vingt-neuf consonnes, un record !) Les conseillers financiers de Pelat, car on n'imagine pas qu'il trouve ces noms tarabiscotés lui-même, se sont vraiment surpassés. Enfin, le groupe va s'enrichir d'une nouvelle structure, l'Associated Dampers Co Ltd, qui va entrer dans le capital de Vibrachoc France. Ce nouveau-né élira domicile à Monrovia, au Libéria, un petit pays inconnu d'Afrique de l'Ouest, et surtout un paradis fiscal réputé ne jamais faire apparaître les noms des personnes physiques sur ses registres du commerce...

Associated Dampers : retenez bien ce nom, nous allons le retrouver bientôt, au moment du rachat par l'État de la société de Pelat.

*

* *

Pendant que Patrice Pelat poursuit son ascension, François Mitterrand traverse une des périodes les plus éprouvantes de sa carrière politique. Son ami Gaston Defferre, le roitelet de Marseille, s'est présenté à l'élection présidentielle de 1969 et a été battu à plate couture. Jamais la gauche non communiste n'a été aussi mal en point. Certes Mitterrand est toujours député de la Nièvre mais il ne dirige plus qu'un mini-parti, la Convention des institutions républicaines (la CIR), et son aura est tellement affaiblie que ses anciens amis ne pensent même pas à l'intégrer au Nouveau Parti socialiste, dirigé mollement, depuis 1969, par Alain Savary.

François Mitterrand a beau être terriblement isolé, il n'en croit pas moins dur comme fer à son destin national. Et demeure convaincu que la seule façon de conquérir le pouvoir – et accessoirement de contrer le puissant Parti communiste – est de reprendre en main le PS moribond pour mettre en place une véritable union de la gauche. C'est cette vision qu'il martèle devant ses militants réunis en congrès, ces 7 et 8 novembre 1970, à Château-Chinon, son fief dans la Nièvre. Mais en politicien avisé, ne songe-t-il pas également aux moyens nécessaires pour financer ce projet ambitieux ? L'homme sait parfaitement que la création d'un grand parti nécessite des moyens importants. En tout cas, c'est à ce moment précis que se situe un épisode troublant et jusqu'à présent resté totalement méconnu.

À l'époque, le tout-puissant ministre de l'Intérieur, Raymond Marcellin, fait surveiller tous les hommes politiques de l'opposition et même les gaullistes de gauche ! Écoutes téléphoniques, filatures, tous les moyens sont bons.

Une note surprenante, datée du 14 novembre 1970 et émanant de la direction centrale des Renseignements généraux (RG), portant la mention « Très secret » (soulignée), atterrit alors sur le bureau du ministre Marcellin. Elle est titrée : « Voyage de M. Mitterrand à Genève ».

En voici le contenu.

« M. François Mitterrand est arrivé à l'aéroport de Genève-Cointrin le 13.11.1970 à 13 h 35 par le vol Air France 166.

» Dès son arrivée il s'est rendu à la banque de l'aéroport, où il a effectué une opération de change. Il a pris ensuite un taxi et s'est rendu immédiatement à la banque Pictet, où il est resté de 14 h 5 à 16 h 10.

» Il a repris ensuite un taxi pour se rendre à l'aéroport, où il comptait prendre l'avion de 16 h 30 pour Paris, qu'il a manqué.

» M. Mitterrand a quitté Genève-Cointrin à 17 h 30 par le vol SR 728 à destination de Paris. »

La révélation de ce document pose évidemment des interrogations.

D'abord, qu'a fait pendant deux heures l'auteur de *Ma part de vérité* entre les murs calfeutrés de cette honorable institution financière ? On songe naturellement à un retrait d'argent, d'autant plus qu'à l'époque beaucoup de Français faisaient le voyage pour récupérer des sommes en Suisse, pour eux ou pour d'autres. Rien de plus simple. Il suffisait que le possesseur d'un compte prévienne son banquier, en donnant un numéro de passeport ou un code secret, pour qu'un mystérieux visiteur puisse repartir avec les billets. Cette méthode avait l'avantage absolu de la discrétion et ne laissait aucune trace écrite, contrairement à un virement bancaire.

Évidemment on ne peut pas tout à fait exclure que François Mitterrand soit venu pour une autre raison, une affaire secrète à régler, par exemple, ou une personne à rencontrer… En tout cas, ce document – en notre possession – est authentifié par des éléments précis.

Enfin, cette visite surprise à Genève a-t-elle un rapport avec la fortune de Patrice Pelat placée en Suisse ? Celui-ci aurait-il mis ainsi de l'argent à disposition pour son vieil ami ?

Une chose est certaine, la banque Pictet n'est pas la banque habituelle de Pelat : il est client, nous l'avons vu, de la banque Hottinguer. Mais cet établissement suisse se trouve être la banque familiale d'un autre compagnon de route de Mitterrand, un camarade des années où il étudiait chez les Frères maristes à Paris, André Bettencourt. Un personnage lié aussi à Pelat. Bettencourt a rejoint le mouvement des anciens prisonniers de l'ami François et a fait partie dès 1943 de son mouvement de résistants avec Munier et le colonel Patrice. Et malgré un engagement certain à droite (député et ministre), il est toujours resté très proche de son ancien camarade d'études et de sa famille.

La banque Pictet est une vielle institution qui a abrité pendant la guerre les comptes du futur beau-père d'André, Eugène Schuller, le fondateur de L'Oréal, qui avait abondamment flirté avec l'extrême droite avant et pendant l'occupation.

En 1950, le jeune dandy épouse la fille unique du patron, la belle Liliane et son immense fortune. Depuis, les Bettencourt ont toujours été soupçonnés de soutenir avec une belle constance les partis politiques de tous bords. Ce qui a ressurgi lors du scandale retentissant qui a opposé à partir de 2007 la vieille dame à sa fille. Et comme l'amitié se transmet de génération à génération, c'est aujourd'hui Olivier Pelat qui est le tuteur légal de l'héritière de L'Oréal.

*
* *

Après cette escapade suisse demeurée secrète, François Mitterrand poursuit obstinément son ascension politique. Il parvient à fusionner son parti avec le PS. Et, coup de maître, il en prend la direction comme il l'avait prédit, lors d'un congrès historique à Épinay en juin 1971. Le nouveau secrétaire général met ce jour-là tout son talent et toute sa verve à dénoncer, dans un discours demeuré légendaire, « les puissances de l'argent ». « Le véritable ennemi, dit-il, j'allais dire le seul, parce que tout passe par chez lui, le véritable ennemi, si l'on est bien sur le terrain de la rupture initiale des structures économiques, c'est celui qui tient les clés. C'est celui qui est installé sur ce terrain-là, c'est celui qu'il faut déloger. C'est le monopole. Terme extensif pour signifier toutes les puissances de l'argent, l'argent qui corrompt, l'argent qui achète, l'argent qui écrase, l'argent qui tue, l'argent qui ruine et l'argent qui pourrit jusqu'à la conscience des hommes. »

À qui s'adresse cette harangue enflammée ?

En tout cas certainement pas à l'ami Pat, dont l'argent si vite gagné ne lui semble curieusement pas « corrompre la conscience des hommes ».

De son côté, Patrice Pelat, devenu un homme d'affaires prospère, n'en voudra aucunement à son vieux camarade de ce tournant très « gauchiste », dont il doit comprendre la nécessité, pour séduire notamment l'électorat communiste. Et en tout cas, devenu riche, l'industriel n'oubliera aucun de ses amis et soignera tout particulièrement la famille Mitterrand (pour ne pas dire les familles Mitterrand !).

– 7 –

LE FIDÈLE ET (TRÈS) GÉNÉREUX « PAT »

« “François, j’ai l’impression que nous sommes suivis…”, dit Patrice qui était au volant. Et pour s’en assurer, il prend une rue en sens interdit. La voiture suspecte n’hésite pas à nous suivre dans l’infraction. Que veulent-ils ? Nous faire peur ? Nous tirer dessus devant la porte de notre immeuble ? Nous les savions capables des pires violences. »

Scène d’échauffourée pendant la Libération ? Écriture d’un thriller ? Pas du tout. C’est Danielle Mitterrand qui relate cette scène méconnue et haute en couleur. L’incident a lieu en 1954. Les méchants dans l’histoire seraient des policiers factieux qui en veulent à François Mitterrand, ministre de l’Intérieur de Mendès France. Des documents secrets ont disparu du comité de Défense nationale et ont atterri à la direction du Parti communiste. François Mitterrand est suspecté d’être à l’origine de ces fuites. En vérité, l’enquête a démontré qu’il s’agissait bel et bien d’un complot ourdi par des policiers de droite pour le faire tomber. En tant que ministre de l’Intérieur, François Mitterrand a donc révoqué le préfet de police qui avait couvert l'affaire, mais il craint des actions de représailles.

Mais en attendant, qui protège le couple ce jour-là ? Qui conduit la voiture et distance les poursuivants ? C'est bien sûr l'ami Pat, toujours présent lorsqu'on a besoin de lui. Toujours aussi intrépide.

Après la rupture de Patrice et Christine Gouze à la veille de leur mariage, Patrice s'est fait plus rare. Puis l'ambiance s'est vite réchauffée et les liens se sont rapidement renoués. Pat est désormais, comme par le passé, l'ami bienvenu.

Mais un autre épisode, bien plus grave que celui des fuites, va de nouveau souder les deux hommes et leurs familles. Un épisode qui a failli marquer la fin de la vie politique de François Mitterrand.

Le 16 octobre 1959 après minuit, cette avenue bourgeoise du VIe arrondissement est parfaitement paisible et il fait un brin frisquet en ce soir d'automne. Soudain sept coups de feu claquent, François Mitterrand vient d'être la cible d'un attentat. Sa voiture est criblée de balles et lui-même ne doit son salut qu'à sa présence d'esprit : il saute par-dessus les buissons de l'avenue de l'Observatoire et se cache dans les fourrés. L'affaire de l'Observatoire est née. Mitterrand va dans un premier temps passer pour un héros visé par les activistes de l'Algérie française. Il est encensé par la presse de gauche, jusqu'au jour où son « agresseur », un ancien député baroudeur proche de l'extrême droite, Robert Pesquet, révèle qu'il s'agit d'une comédie montée de toutes pièces à laquelle l'homme politique s'est prêté. Pour étayer ses accusations, Pesquet livre des documents prouvant que François Mitterrand était au courant de cette mascarade, qu'il a joué le jeu et que jamais sa vie n'a été en danger ! Selon Pesquet, Mitterrand aurait tout de suite accepté cet attentat bidon destiné à redorer son blason.

En fait, Mitterrand est bel et bien tombé dans un traquenard. Mais encore plus tordu qu'il ne l'imaginait. Son soi-disant tueur, explique-t-il, était venu le voir : il avait été désigné pour l'assassiner mais il répugnait à un tel acte. Il voulait donc le prévenir. Seulement, pour sauver sa propre peau, il lui demandait de « faire semblant ». L'homme politique, pourtant aguerri, accepte avec une imprudence folle… ou beaucoup de compassion. S'agit-il d'un piège monté par des ultras gaullistes (comme en a été convaincu l'intéressé) ou, plus simplement, par des fanatiques de l'extrême droite ? En tout cas, l'affaire fait un tort immense à l'homme politique : son immunité parlementaire est levée au Sénat. Il va même être poursuivi pour « outrage à magistrat ». De nombreux amis et journalistes proches s'éloignent du pestiféré. Bref, tous les commentateurs sont d'accord sur un point : la carrière politique de François Mitterrand est définitivement derrière lui.

Ceux qui ont vécu ce genre d'abandon, soudain et collectif, savent à quel point cela peut être violent et traumatisant, quelles que soient leurs responsabilités. Le vide se fait autour de vous et de votre famille. Un vide sidéral. Les courtisans d'hier changent de trottoir pour n'avoir pas à vous saluer. Quand le téléphone sonne, il s'agit d'une erreur, ou alors il est porteur d'une énième mauvaise nouvelle…

Des années plus tard, Danielle n'a rien oublié. Dans ses Mémoires, elle trouve le ton de l'indignation (il faut dire qu'elle le trouve souvent) : « Des mois durant nous avons vu les prétendus amis de la veille nous tourner le dos pour ne plus pouvoir compter les fidèles que sur les doigts de la main. J'ai réalisé, écrit-elle, que les liens de la Résistance tissés par le Mouvement des prisonniers, eux, ne rompaient pas, et la confiance instaurée aux moments les plus difficiles passait toutes les épreuves du questionnement. Quel réconfort de savoir à nos côtés Jean Munier, Charles et Madeleine Moulin […] mais aussi de voir André Bettencourt, Patrice Pelat, Pierre de Bénouville, pourtant plus proches de la pensée conservatrice que de l'attitude progressiste, soutenir et défendre un homme qu'ils savaient incapable de supercherie. »

Durant l'affaire de l'Observatoire, l'attitude de Patrice Pelat est exemplaire. Jamais il ne quittera François pendant sa longue traversée du désert. Et c'est bel et bien dans ces moments de crise qu'on teste la fidélité des siens. « Les amis, c'est comme les étoiles, c'est la nuit qu'on les voit apparaître », a écrit le poète.

Les liens se resserrent encore plus. Patrice devient le parrain du fils de Jean-Christophe Mitterrand. Au départ, Pelat refuse car il avait été parrain du petit Pascal, le premier enfant de Danielle et de François, mort prématurément. Jean-Christophe a dû insister, batailler, pour le convaincre qu'il n'y avait aucun mal à récidiver. Sur la générosité de Pelat, Jean-Christophe est intarissable : « Il a même aidé mon ancienne épouse, qui vivait perdue dans l'Ardèche, en lui payant sa chaudière et l'isolation de sa maison ! »

Seulement voilà, Pelat a la générosité... extrêmement généreuse. C'est son caractère, mais il est difficile de ne pas penser que cela rejoint parfois ses intérêts. « Patrice, raconte un proche, c'est un homme qui avait le cœur sur la main et, aussitôt, le carnet de chèques dans l'autre. C'était sa nature, c'était souvent très agréable, mais pouvait parfois provoquer des situations gênantes. »

Olivier Pelat se souvient de ce jour où il constate que sa mobylette Peugeot 102 a disparu du garage familial. Il la croit volée et a la surprise d'apprendre que son père l'a offerte au fils d'un de ses ouvriers qui l'avait trouvée à son goût !

Pendant des années, Patrice a employé son copain François, avocat sans cause (le barreau ne le passionne pas vraiment) comme conseiller de Vibrachoc. À vrai dire, il ne conseillait pas grand-chose. D'ailleurs, Patrice ne l'avait pas embauché pour cela, mais plutôt pour qu'il bénéficie de revenus fixes et confortables. Entre 1972 et 1980, François Mitterrand touchera tout de même 293 000 francs pour des interventions apparemment plus fictives que réelles. Après l'élection du Président, de 1981 à 1989, son fils Gilbert reprendra la « charge » et recevra près de 579 000 francs, sans compter un salaire régulier... Nous y reviendrons.

En somme, le fils aura été mieux traité que son père. Il est vrai que ce dernier vivait dès lors aux frais de la République. Un traitement de l'ordre de

70 000 francs par mois, sans parler de la vie quotidienne, entièrement prise en charge (comme c'est le cas pour tous les présidents de la République).

Une période bénie sur le plan financier pour cet homme que tous ses amis s'accordent, même les plus assidus, à décrire comme avare. Ce trait de caractère était même un sujet de plaisanterie entre eux. Comme le note Catherine Nay : « Cela ne l'a jamais empêché de convier généreusement maints familiers au restaurant. Ils doivent seulement savoir que l'addition sera pour eux. "Payez, on s'arrangera !", lance le maître avant de s'esquiver. Comme tous les vrais radins, il masque son défaut en n'ayant jamais un sou sur lui. "L'argent ne l'intéresse pas", affirment ses nombreux disciples. François Mitterrand a toujours considéré que l'argent pour lui-même était secondaire, le traitant avec dédain et mépris. Non sans s'assurer, discrètement, que ses amis fortunés couvraient ses propres dépenses, celles de ses proches… Et même parfois plus. »

Il n'hésitait pas à « taper » jusqu'à son chauffeur, Pierre Tourlier, vingt-cinq ans de bons et loyaux service. « Lors de ses visites dans les librairies, raconte celui-ci dans ses Mémoires, comme il ne payait qu'en liquide, il m'est souvent arrivé de lui prêter de l'argent pour l'aider à régler ses achats. Il lui arrivait souvent, aussi, d'oublier de me le rendre, mais j'ai très vite mis au point un système de remboursement via le chef de cabinet de l'Élysée ! »

La scène est un classique pour la vénérable librairie Gallimard, boulevard Raspail. François et Patrice entrant, presque identiques, avec Burberry et casquette irlandaise, flânant comme à l'accoutumée. L'amour de François Mitterrand pour les beaux livres n'est un secret pour personne, et la France a toujours été fière d'avoir un chef d'État érudit. Mitterrand farfouille donc dans l'arrière-boutique du magasin, jette son dévolu sur un livre rare, et fort onéreux, et le pose délicatement sur le comptoir. Et l'ami Pelat sort sa carte bancaire de son portefeuille en maugréant un peu : « Ça coûte une fortune, ces vieux trucs ! »

Pelat paye pour tout. Les dîners à la tour Eiffel pour fêter l'anniversaire des enfants de François, les soirées avec les copains, et ce voyage mémorable aux États-Unis avec la famille Mitterrand au grand complet. François doit s'y rendre pour une série de conférences en Californie, et Pat sera évidemment du voyage. Jean-Christophe Mitterrand se souvient avec délectation de ce compagnon immuablement de bonne humeur et si prodigue.

– Avec Patrice, c'était toujours un feu d'artifice ! s'exclame-t-il. Nous avons visité le Grand Canyon en avion à hélice, puis Las Vegas, Palm Springs, et enfin New York. J'avais vingt ans et on a tellement rigolé tous ensemble ! Nous avons rencontré l'aviatrice Jacqueline Auriol et même la veuve d'un milliardaire qui avait fait construire son salon autour d'un tapis persan !

Vibrachoc aurait aussi pris en charge de nombreuses dépenses de campagne pour aider le PS de son copain : frais d'imprimerie, de secrétariat, de déplacements... Des versements qui demeuraient dans l'ombre puisqu'il n'existait pas, dans ces années-là, de financement officiel des partis politiques, et que les aides privées n'étaient pas limitées. Elles restaient donc confidentielles, surtout dans le cas de Pelat. Ni Mitterrand ni lui-même n'avaient intérêt à rendre ces « dons » publics.

– 8 –

10 MAI 1981
ILLUSIONS ET DÉSILLUSIONS

Et le grand jour arrive !

Devant des millions de Français collés à leur écran, le premier président socialiste de la Ve République, suivi par une foule en liesse, s'avance vers le Panthéon, ce monument à la gloire de nos grands hommes, que François Mitterrand va saluer en tête à tête. Il le fait avec ferveur et recueillement, lui si respectueux des morts, immortels ou pas. « On ne pense pas assez à ses morts », aimait-il à dire. Lui, en tout cas, ne les oubliait jamais.

Cette journée exceptionnelle se déroule selon une dramaturgie savamment mise au point par Jack Lang et filmée avec dévotion par Serge Moati. Le temps semble suspendu. L'Histoire retient son souffle. Une ère nouvelle est annoncée. Jack Lang ne déclare-t-il pas sobrement que « la France vient de passer de l'ombre à la lumière » ?

L'orchestre de Daniel Barenboim joue l'*Hymne à la joie*. Dans la crypte, des roses cachées derrière les tombeaux surgissent comme par enchantement dans la main de François Mitterrand devant les sépultures de Jean Moulin, de Victor Schœlcher et de Jean Jaurès.

Par une facétie de l'Histoire, ce monarque républicain issu de la droite classique se retrouve, par ses qualités et son habileté, à incarner la gauche et à la porter au pouvoir. À cet instant solennel, Mitterrand met ses pas dans ceux de la gauche morale, celle de Jaurès, Blum, Mendès France, comme un espoir ou une prière…

Tout a été écrit sur cette journée exceptionnelle, mais un petit événement est resté tapi dans l'ombre, un moment hautement symbolique. C'est Jacques Attali qui nous le raconte, comme s'il extirpait cette anecdote de sa mémoire. Au moment de partir pour le grand rendez-vous, Mitterrand convoque son tout nouveau et jeune conseiller et le prie d'emprunter une voiture de l'Élysée pour se rendre au cimetière de Jouy-en-Josas. Attali demande d'abord comment faire pour obtenir un véhicule officiel. Le nouveau Président balaie cette remarque du novice et suit sa pensée : « Au moment où je pénétrerai au Panthéon, vous déposerez une rose sur la tombe de Léon Blum. »

Cette anecdote est révélatrice. À cet instant, François Mitterrand se vit sincèrement comme le dernier de la grande lignée des socialistes français. Il sait que « le peuple de gauche », massé à l'extérieur, attend de son élection un changement radical. Le Président se place donc naturellement dans la continuation des événements mythiques de 1936. Tout est simple : il reprend le flambeau là où Léon Blum l'a déposé et poursuit la lutte… Son gouvernement mettra d'ailleurs en exergue la phrase célèbre de Léon Blum après la victoire du Front populaire : « Nous l'avons promis, nous l'avons réalisé. »

Mais un autre symbole se cache dans cette cérémonie. Un secret que les Français mettront longtemps à découvrir et qui finira, lui, par flétrir la si belle image du socialisme pur et dur.

Lorsque François Mitterrand descend la rue, tout en majesté, deux hommes se tiennent à ses côtés. L'un, Roland Dumas, est célèbre. Crinière blanche au vent, vêtu de beige chic, l'avocat rayonne de plaisir. L'autre, Patrice Pelat, est totalement inconnu du public. Le visage taillé dans le roc, en costume sobre, cravate et pochette de banquier, il n'en croit pas ses yeux. Son copain, qu'il épouillait au stalag, son confident des chemins de traverse et des pas de côté, devient Le président de la République française ! Et c'est bien lui, Patrice, qui se trouve au premier rang de ce rendez-vous avec l'Histoire ! Le bonheur de l'instant les submerge tous les deux. Même Pelat paraît emporté par le torrent rose. Pourtant, soyons justes, lui qui a glissé très tôt de la gauche vers la droite ne refera jamais le chemin inverse. À aucun moment il ne retournera sa veste, ni ne changera de camp. Mais à ce moment-là, il ne boude pas son bonheur. Pour lui, la politique n'est pas l'essentiel, cela fait longtemps qu'il n'y croit plus. Il estime les rapports humains bien supérieurs à l'idéologie. Et ce 10 mai, pour Patrice, c'est l'amitié qui l'emporte : il se réjouit simplement du succès de François.

D'ailleurs, tous les proches du nouveau président ont raison de se réjouir. Outre le bonheur de l'ascension du copain ou du camarade, ils pressentent que pour eux des années fastes se profilent.

Et pourtant, en voyant, rue Soufflot, défiler derrière François Mitterrand Dumas et Pelat, le « cynisme s'appuyant sur l'affairisme », pour paraphraser Chateaubriand, on ne peut s'empêcher de penser que l'épopée mitterrandienne s'engageait sur des chemins tortueux.

*

* *

Difficile d'avoir le panache – ou la prudence – du général de Gaulle qui, à la fin de la guerre, aurait lancé à ses plus fidèles compagnons : « Messieurs, je n'oublierai jamais ce que vous avez fait. À l'heure de ma mort, ma dernière pensée sera pour tous ceux qui ont combattu à mes côtés pour que vive la France. En attendant, soyez assurés de toute mon ingratitude ! »

Une attitude impensable pour François Mitterrand, tant les années passées paraissent entrelacées avec sa réussite, et ceux qui l'ont aidé au cours des années, indissociables de son existence. Parvenu au pouvoir suprême, il choisit de naviguer en eaux troubles. Jamais il ne tentera de maintenir ses proches à l'écart de l'Élysée ou de les confiner dans la sphère privée. Il aurait pu, bien sûr, dans l'intimité, leur témoigner toutes les attentions sans les laisser profiter des largesses du pouvoir, mais non !

Tout de suite, sans perdre de temps, de façon discrète mais impérative, il va faire comprendre à ses collaborateurs que ses amis sont des personnages essentiels, qu'il faut écouter, bichonner, et dont il faut soutenir les démarches, en un mot, exaucer tous les souhaits. Des consignes données « à la Mitterrand », à demi-mot, en demi-teinte, mais de façon suffisamment limpide pour que certains de ses collaborateurs ne s'y trompent pas : Charasse, Boublil, Bérégovoy, Ménage, Prouteau, ces fidèles exécuteurs des désirs du maître savaient parfaitement que les paroles chuchotées étaient des ordres déguisés.

L'enthousiasme qui déferle sur la France est encore plus intense à Matignon. Pierre Mauroy prend les manettes et se prépare à entrer en action. Il incarne le prototype du « vrai socialiste ». Ce fils d'instituteur, qui représente la tradition ouvrière du Nord, ne transige pas avec les principes. À la tête du gouvernement, il dirige le pouvoir à gauche toute. Pourtant, l'un de ses principaux collaborateurs déchante vite et découvre une réalité très éloignée de ses convictions.

Pour la première fois, Jean Peyrelevade raconte cet épisode douloureux de sa vie. Cet ancien responsable des plus grandes institutions financières françaises, la banque Suez, L'UAP ou le Crédit Lyonnais, fait part avec émotion de son désarroi de l'époque.

– En ce bel été 1981, peu après l'arrivée de la gauche au pouvoir, cette affaire m'a « déniaisé » d'un coup. Un événement extrêmement brutal, incroyable, même pour moi. Une sorte « d'initiation humiliante » dont je ressens encore le choc aujourd'hui. Je m'explique : je venais d'être nommé à Matignon, directeur-adjoint du cabinet de Pierre Mauroy, Premier ministre. Je l'avais connu en 1962, alors qu'il n'était encore que conseiller général dans le département du Nord.

» Dès ma sortie de Polytechnique, je m'étais inscrit à la SFIO – autant vous dire que nous n'étions pas légion à l'époque à nous engager dans cette voie… C'est là que j'ai rencontré Pierre Mauroy, qui représenta rapidement, à mes yeux, le vrai socialisme. Il combattait alors Guy Mollet. Je suis devenu rapidement « l'intello techno » de son équipe. Il s'est créé très vite entre nous des liens amicaux de grande confiance. Pour moi, une relation très forte, presque charnelle. C'était un grand monsieur qui, en plus, respectait les gens avec lesquels il travaillait.

» Quand il devient Premier ministre, après la victoire de François Mitterrand, il me nomme donc numéro deux du cabinet, chargé de tout le secteur économique, un domaine très large. Nos relations demeurent simples. Nous nous tutoyons, mais, parfois, lors des moments officiels, je l'appelle monsieur le Premier ministre car je respecte la fonction.

» Un jour, il me fait venir et me dit : « Jean, je suis un peu embêté, j'ai dans ma circonscription une grosse PME de plusieurs centaines d'employés qui obtenait jusqu'ici des marchés à répétition avec l'armée de l'air (représentée à l'époque par la société Snecma, aujourd'hui Safran). Elle s'occupe en particulier de l'entretien des réacteurs. Or ils viennent de perdre leurs marchés.

C'est dramatique pour eux, et aussi, naturellement, pour la région en termes d'emplois. Comme tu as commencé ta carrière comme ingénieur dans l'aéronautique et que tu connais le sujet, regarde ce qu'il en est. » Il ne me demande rien de plus. Il a un problème d'élu local et il veut juste savoir ce qui s'est passé.

» Je téléphone donc au patron de cette société du Nord. Il est évidemment effondré. Il confirme qu'il a bien perdu les marchés mais me laisse entendre que les choses ne se sont pas passées de façon régulière.

» Pour en avoir le cœur net, je décide de contacter le vice-président de la Snecma, qui se nomme Jean Sollier. Je ne tiens pas à appeler le ministère de la Défense pour ne pas politiser l'affaire. Il se trouve que je connais Sollier car nous avons fait nos études d'ingénieur ensemble. Ensuite nos choix politiques ont nettement divergé. Sollier est un RPR qui a été nommé par le gouvernement précédent.

» Sollier me répond qu'il va se renseigner. Et me rappelle très vite : « Désolé pour le protégé du Premier ministre mais, tant sur le plan technique que sur les prix, sa société est dépassée et n'est pas compétitive. »

» Du coup, pour moi, la cause est entendue. Je joins mon patron du Nord et je lui explique que tout est régulier mais qu'il n'est plus bon techniquement et qu'il n'y a rien à faire. L'industriel me réplique : « Monsieur le Directeur, je peux venir vous voir à Paris ? »

» Il débarque dans mon bureau, à Matignon, avec une petite valise, et me sort des documents. Je découvre le nom de la société qui a remporté les marchés : Vibrachoc. Je n'ai jamais entendu parler de cette entreprise et je n'ai évidemment pas la moindre idée de son propriétaire, mais les documents sont troublants. Ils démontrent que la nouvelle société n'a aucune référence en matière d'entretien de réacteurs, zéro ! Le secteur est pourtant très spécialisé ! En plus, le niveau de prix n'est pas meilleur, voire le contraire…

» Je ne comprends plus ce qui se passe. Comme je crains que cette affaire dégénère, je suggère à Jean Sollier une solution de compromis : séparer le marché en deux, laisser la moitié à la PME du Nord et l'autre partie à Vibrachoc.

» Dès le lendemain, je reçois un coup de fil direct de l'Élysée, du conseiller chargé des questions économiques, qui me lance d'emblée : « Mon jeune ami, je vous serais reconnaissant de ne plus vous mêler de cette affaire ! » Déjà le « mon jeune ami » passe mal car le conseiller a presque dix ans de moins que moi… Mais, surtout, je suis sidéré par cette intervention et cet ordre impérieux.

» Je fonce voir Pierre Mauroy. Pendant que je lui raconte l'histoire, je le vois qui se frotte les mains, ce qui signifie – tout le monde le sait au cabinet – qu'il est énervé ou contrarié…

» Finalement, il me lâche : « Ça va, laisse tomber ! »… Ce jour-là, ce sont mes illusions qui sont tombées de haut. Je n'imaginais pas un instant que l'Élysée soit capable de manipuler des marchés publics ! J'ai tout compris plus tard quand j'ai appris que Vibrachoc appartenait à Patrice Pelat, l'un des amis les plus proches de François Mitterrand.

Le conseiller de l'Élysée que Jean Peyrelevade ne veut pas citer se nomme Alain Boublil.

En 1981, Alain Boublil est l'homme qui incarne à l'Élysée les grandes réformes industrielles, dont la nationalisation des entreprises n'est pas la moindre.

Cet universitaire talentueux, soutenu par Jacques Attali, a fait partie de ces spécialistes qui ont préparé l'arrivée de la gauche au pouvoir. Mais sa nomination à un poste si prestigieux en a froissé plus d'un. Ses collègues hauts fonctionnaires ne lui pardonnent pas le crime de lèse-majesté d'avoir – à trois reprises – raté la sacro-sainte institution des élites, l'ENA. Si encore l'homme était aimable, rond en paroles comme il l'est physiquement, la pilule passerait peut-être. Au contraire, tout gonflé de sa charge, il donne des ordres, parle sèchement et appelle ses aînés surdiplômés « mon jeune ami », bref, il se rend odieux. Et, tout émerveillé qu'il est d'avoir atteint si rapidement le sommet, il voue bien entendu une reconnaissance éternelle au président de la République dont il sait interpréter les souhaits, quitte à les devancer avec intuition. Boublil va ainsi suivre d'un œil bienveillant la vente de l'entreprise de Pelat, Vibrachoc.

Une vente rocambolesque qui rendra l'industriel définitivement riche. Très riche.

– 9 –

VENTE DE VIBRACHOC
L'ARNAQUE LÉGALE

Rarement le sort d'une petite PME de quatre cent cinquante employés a eu autant de fées penchées sur son berceau, ou plutôt de grands serviteurs de L'État, de l'Élysée au ministère des Finances, en passant par les responsables des plus grandes entreprises et banques françaises, tous mobilisés pour sauver le soldat Pelat !

En 1981, l'ami du Président décide de céder son entreprise. Cela fait vingt-huit ans qu'il tient Vibrachoc à bout de bras. Il a envie de profiter plus librement de la vie, d'autant qu'il prend conscience qu'elle peut le lâcher sans prévenir. L'année précédente, lui qui se croyait solide comme un chêne a été victime d'une grave attaque cardiaque qui l'a mis à terre. Une péricardite dont il sort sans séquelles apparentes, mais le médecin l'a mis en garde : il faut qu'il se ménage. Un choc pour ce fonceur qui se croyait indestructible. Ses deux fils n'ont pas, de toute évidence, l'envie ni la vocation de reprendre la société de papa. De plus, Vibrachoc connaît quelques difficultés. Pelat a même dû, discrètement, réclamer au Cidise (un organisme d'État qui aide au développement des entreprises) un prêt de 1 million de francs. Les fonctionnaires ont posé quelques questions gênantes sur l'identité des responsables d'Arfina, sa perle qui scintille au Liechtenstein, mais Patrice a réussi à les rassurer et a obtenu les capitaux nécessaires. Mais la concurrence internationale est rude et la société n'a pas le calibre pour monter en puissance. Il lui faudrait un gros partenaire ou se nicher sous l'aile d'une multinationale.

Sa famille affirme aujourd'hui qu'il aurait alors reçu des offres de trusts américains, voire de Chinois intéressés par son savoir-faire. Ses ouvriers racontent même cette anecdote : le jour où un responsable de Pékin est venu visiter Vibrachoc, leur patron a fait hisser sur l'usine le drapeau rouge de la Chine populaire !

Concernant les offres d'achat extérieures, il se serait alors heurté à un veto du ministère de la Défense : interdiction de vendre à l'étranger, une partie du matériel étant classé secret défense. Ce qui est certain, c'est que Pelat est bien un ami de Charles Hernu, ministre de la Défense, lui-même vieux compagnon du Président et qui, en 1982, a visité en grand tralala l'usine de Boutigny. Dans le journal local, on les voit descendre tous les deux d'un gros hélicoptère Puma, puis Hernu passe en revue les ouvriers d'un air martial. Alors qui va racheter la boîte ? Pour Pelat, pas de doute : l'État, ou du moins les entreprises nouvellement nationalisées qui vont « se battre » pour acquérir son joyau industriel… La réalité va se montrer plus compliquée, et la grande vente aux enchères commence.

*
* *

Pour raconter cette incroyable histoire, il faut, là encore, se reporter au dossier établi par le juge Thierry Jean-Pierre dans la future procédure Bérégovoy. Le magistrat, pour détailler la vente de Vibrachoc, s'appuie sur un grand nombre de documents saisis et sur le témoignage du directeur financier de l'entreprise, Michel Guénot. De plus, Pierre Duquesne, à l'époque haut fonctionnaire du Trésor, qui accepte aujourd'hui de nous parler, confirme le traitement très particulier de ce dossier.

Premier point de départ de toute négociation : combien vaut l'entreprise ? Une estimation interne, déjà généreuse, tournerait autour de 90 millions. Mais en mars 1982, Pelat se montre inflexible : il aurait rêvé de céder Vibrachoc à 170 millions et il ne descendra pas à moins de 120 millions de francs. Il s'appuie à présent sur le rapport d'un de ses amis spécialiste en évaluation d'entreprises, qui lui confirme que la sienne vaut 115 millions. Certes Vibrachoc possède des qualités, ses bénéfices déclarés sont passés de 343 000 francs en 1979 à 2 millions en 1980, puis à 2,8 millions en 1981 ; certes Pelat a fait construire une autre usine, à Lisses, le long de l'autoroute (pour que tous les automobilistes la voient en passant), mais la somme réclamée paraît considérable pour une entreprise de cette dimension. D'ailleurs deux grands groupes, Matra et Thomson, discrètement approchés, auraient décliné l'offre. Donc à qui s'adresser à ce stade ? Des noms sont jetés sur la table. On arrive à la conclusion que le candidat idéal serait la puissante Compagnie générale électrique (CGE), tout juste nationalisée. Elle serait parfaite pour hériter du bébé, avec l'accord et un coup de pouce de l'État. Georges Pébereau, qui gère en réalité la société, attend sa nomination officielle (elle sera effective en 1984). Il est évident qu'il n'est pas en position de refuser de rendre service au gouvernement. De plus, la CGE réclame en urgence une augmentation de capital, l'achat de Vibrachoc pourrait ainsi faire partie du deal. Pébereau, en effet, accepte, mais certains responsables du groupe manifestent leur désapprobation.

La filiale de la CGE, Alsthom, grand spécialiste des transports et de l'énergie (futur constructeur des TGV), qui devrait récupérer Vibrachoc, freine des quatre fers. Le moins qu'on puisse dire est que ses services doutent sérieusement de sa valeur réelle. Une série de notes, toutes plus salées les unes que les autres, le démontre.

– Le 18 février 1982, sous l'en-tête « Très confidentiel », on peut lire : « En conclusion, nous estimons qu'il n'est pas de l'intérêt d'Alsthom de donner suite à cette proposition » (le rachat de Vibrachoc).

– Le 8 mars, une autre note est encore plus catégorique : « L'affaire Vibrachoc n'a aucun intérêt pour Alsthom au-delà de 60/65 millions de francs. »

– Et enfin, le 30 avril, un compromis bancal semble s'esquisser : « La valeur admissible de l'ensemble du groupe Vibrachoc serait finalement de 90 millions de francs. C'est pourquoi, compte tenu du fait que les propriétaires actuels, qui avaient évalué initialement l'affaire à 170 millions, restent maintenant fixés sur un prix de 110 millions [...] et que l'acquéreur éventuel sera très rapidement obligé à une mise de fonds supplémentaire de 15 millions de francs, Alsthom ne serait disposée à reprendre que 50 % au maximum du capital, les 50 % restants devant être assurés par des banquiers. »

En clair : Puisqu'on nous impose le prix de 110 millions, nous sommes prêts à en prendre la moitié mais pas davantage. Pour le reste, que le vendeur – ou ses ardents soutiens – se débrouillent avec les banques ! Pas question d'engager un sou de plus.

Si l'on sent dans ces notes l'énervement contenu de la direction d'Alsthom, on comprend également que, de l'autre côté, la pression est montée d'un cran. Mais qui dirige en sous-main l'opération ? Le directeur financier de Vibrachoc, Michel Guénot, va apporter la réponse à cette interrogation.

« J'ai été amené à avoir plusieurs réunions avec monsieur Pelat et j'ai compris que des personnalités haut placées au niveau de l'État donnaient des instructions à monsieur Pébereau lui-même. Il s'agissait d'instructions émanant notamment de monsieur Pierre Bérégovoy et de monsieur Alain Boublil. Le nom de code donné à ces deux personnes par monsieur Pelat était "les 2B". [...] À plusieurs reprises je me suis trouvé dans le bureau de monsieur Pelat et j'ai assisté à certaines de ses conversations téléphoniques qui se déroulaient dans un total climat de cordialité. C'est monsieur Pelat qui m'avait confié que messieurs Bérégovoy et Boublil étaient intervenus dans l'achat de Vibrachoc par Alsthom pour réaliser la cession dans les plus courts délais, à la demande de monsieur François Mitterrand. Aussi faut-il préciser qu'aucun audit n'a été fait avant la signature du protocole de vente et que tous les problèmes ont surgi après. »

Alain Boublil, que nous avons interrogé à ce sujet, se défend d'avoir participé directement aux négociations autour de la vente de Vibrachoc. Mais il reconnaît de façon paradoxale être allé plaider la cause de Pelat auprès d'un banquier, à la demande de Pierre Bérégovoy, alors secrétaire général à la Présidence de la République. En effet, il fallait bien convaincre deux responsables de grandes banques de se porter acquéreurs de la moitié de Vibrachoc. Le premier à accepter, René Thomas, patron de la BNP, est à l'époque très proche du Président. Sa compagne, Laurence Soudet, est une des amies les plus constantes de François Mitterrand et, de surcroît, sa collaboratrice. Le couple n'aura de cesse de rendre la vie plus facile au Président. Ils feront partie des rares intimes à connaître l'existence de Mazarine, la fille cachée du Président. Ils participeront avec d'autres à l'achat de la maison de Gordes, dans le Vaucluse, où l'homme politique pourra passer des moments paisibles et rencontrer discrètement sa fille et la mère de celle-ci. René Thomas n'aura sans doute pas été trop difficile à convaincre d'acquérir 25 % de Vibrachoc.

Mais quid des autres 25 % ? L'Élysée table sur le Crédit Lyonnais (lui aussi récemment nationalisé) dont le patron, Jean Deflassieux, est un très ancien compagnon de route du Parti socialiste. Il a participé (longtemps avant la victoire de 1981) à de nombreux travaux internes du PS pour définir la politique économique de l'opposition. Donc pour boucler le tour de table, on entonne, une fois encore, le refrain des copains d'abord...

Pourtant, à la surprise générale, Deflassieux refuse lui aussi de mettre de l'argent au pot pour grossir la dot de Pelat. Pense-t-il que l'affaire n'est pas rentable et qu'elle présente un risque pour sa banque, ou n'apprécie-t-il tout simplement pas la méthode ? Alain Boublil a sa version des faits. Il nous raconte que Pierre Bérégovoy lui aurait demandé : « Tu connais Pelat ? Il vend son entreprise, Vibrachoc. Le Crédit Lyonnais refuse de participer à son rachat. Tu connais bien aussi Deflassieux, va le voir et essaie de le convaincre de passer un accord avec Pébereau et Thomas pour qu'ils s'associent et fixent un prix. »

– Je me déplace au siège du Crédit Lyonnais, boulevard des Italiens, confie Boublil. Et je me trouve en face d'un Deflassieux fou de rage. Il est furieux d'avoir été contacté en dernier pour aider Vibrachoc : « Tout s'est décidé sans moi, fulmine-t-il, moi un militant socialiste de toujours ! » En fait, conclut Boublil, il était vexé. Ce n'était qu'une rivalité et une jalousie entre banquiers !

Du coup, l'affaire devrait se conclure facilement.

À un grain de sable près, mais un gros grain de sable ! La moitié de la société de Pelat est détenue par deux sociétés, Arfina et Associated Dampers, domiciliées à l'étranger. Et pas n'importe où, au Liechtenstein et au Libéria… Or, détail qui n'a pas l'air d'inquiéter outre mesure Pelat, pour vendre une société hors de France, il faut impérativement l'autorisation du Trésor. Cette direction du ministère des Finances doit vérifier que l'acheteur ne se revend pas la société à lui-même, via des paradis fiscaux. Ce que les spécialistes des Finances appellent dans leur jargon le « désinvestissement ». Or, au début de la gauche au pouvoir, on ne plaisante pas avec ce sujet qui a valeur de symbole.

La France est soumise au strict régime du contrôle des changes. Les comptes à l'étranger sont interdits ou strictement surveillés. Les douaniers les pourchassent impitoyablement, notamment en Suisse. Et ceux qui ne veulent pas négocier avec les douanes, ou dont la fraude paraît trop importante aux yeux des impôts, sont traduits devant la Justice.

Léonce Boissonnat, banquier à Paribas et frère du célèbre journaliste économique Jean Boissonnat, avait conseillé à ses clients qui possédaient des comptes en Suisse de négocier avec les Douanes, quitte à régler une forte amende. Ils acceptaient de payer à condition de ne pas aller au tribunal. Tout allait bien. La direction des Douanes avait donné son accord. Mais, quand la gauche arrive au pouvoir, changement de cap : le ministre du Budget prend la décision inverse et fait traduire les fraudeurs en justice. Le banquier, qui avait donné sa parole, harcelé par ses clients, n'a pas supporté de les avoir « trompés » et s'est suicidé.

C'est dans ce climat surchauffé que le dossier Vibrachoc est examiné par le Trésor. Le directeur financier de la société, toujours le bon Michel Guénot, indique que, lors du premier semestre 1982, il avait attiré l'attention de Patrice Pelat sur le fait que la participation d'Arfina au capital de Vibrachoc n'avait jamais fait l'objet d'une déclaration auprès de la direction du Trésor. Pelat lui aurait répondu qu'effectivement il allait s'en inquiéter. Quelques jours plus tard, un courrier émanant du ministère du Budget aurait régularisé la situation. Ce qui avait fait dire au perspicace employé, naïf ou scandalisé : « À ce moment-là, j'ai compris que la nature des interventions de monsieur Pelat au plus haut niveau de l'État était très efficace. » Mais Michel Guénot n'a pas fini d'en voir…

Cette fois, l'affaire est plus compliquée. Autant « faire passer un chameau dans le trou d'une aiguille », comme dit la Bible. On l'a vu : la direction du Trésor du ministère des Finances vérifie, lorsqu'un Français achète une entreprise à l'étranger, qu'il ne se la rachète pas à lui-même. Ce qui reviendrait à faire sortir illégalement des capitaux. Un service du Trésor, l'un des plus importants en effectifs, est précisément chargé de contrôler ces exportations de capitaux.

Nous avons retrouvé un collaborateur du Trésor qui a examiné à l'époque le dossier Vibrachoc. Cette affaire l'a marqué, d'autant qu'elle blessait ses convictions de gauche. Pierre Duquesne, alors jeune haut fonctionnaire, était en charge à la direction qui contrôlait les investissements à l'étranger. Il se souvient :

– Après avoir examiné le dossier de Vibrachoc, nous avons signalé deux choses : l'argent partait pour un compte à l'étranger détenu par un résident français, ce qui était strictement interdit. Ensuite, le montant de la cession nous paraissait largement surestimé. Nous nous sommes donc opposés à cette vente. Nous avons fait notre travail et informé le ministre par une note, ce qui est la procédure normale. En réponse, le ministre nous a donné pour instruction d'autoriser malgré tout la vente. Ce qui, cette fois, n'était vraiment pas habituel... Du coup, j'ai refusé de signer l'autorisation demandée et j'ai suggéré à mon supérieur direct d'en faire autant. Ce qu'il a fait à son tour. Mais finalement, obéissant aux instructions du ministre, le sous-directeur du Trésor a signé. Je précise qu'à l'époque j'ignorais totalement qui était monsieur Pelat et ses liens avec François Mitterrand. Je l'ai appris plus tard en lisant un livre de Catherine Nay.

En fait, selon les documents saisis plus tard par la Justice, ce sous-directeur du Trésor avait d'abord demandé au directeur adjoint du cabinet du ministre s'il fallait vraiment signer ce document. Puis, devant la détermination de celui-ci, il avait exigé que le ministre confirme lui-même l'autorisation. Il s'agissait de Jacques Delors, alors ministre des Finances du gouvernement Mauroy.

Le témoignage de Pierre Duquesne, qui est toujours haut fonctionnaire, est en tous points corroboré par une note du service des participations de la direction du Trésor, datée du 8 juillet 1982, récupérée par la Justice : « Cette réponse (celle de Vibrachoc) ne fournit pas la liste des actionnaires d'Arfina… qu'il serait nécessaire d'obtenir. Néanmoins, compte tenu de l'assurance ainsi renouvelée de l'origine suisse de détenteurs du capital d'Arfina et conformément aux instructions verbales données par le cabinet du ministre – que je serais obligé au ministre de bien vouloir me confirmer –, mes services se préparent à donner les autorisations nécessaires à la cession. » Le texte se conclut par : « Accord 8/7/82. »

En clair : Puisque le ministre et son cabinet assurent que les acheteurs de Vibrachoc sont bien suisses, alors on y va ! Mais la teneur de cette lettre – très inhabituelle – prouve que personne n'est dupe…

Ainsi, le 8 juillet 1982, le groupe Vibrachoc est cédé à 51 % à la société Alsthom et à 24,5 % chacune à deux filiales de la BNP et du Crédit Lyonnais. Le prix global atteint 109 999 844 francs, partagés entre Patrice Pelat (58 669 870 francs), Arfina (43 575 606 francs) et Associated Dampers (1 837 048 francs), plus une garantie de passif de près de 6 millions de francs.

Le même jour, la direction du Trésor autorise les acheteurs de Vibrachoc à payer Arfina et Associated Dampers sur des comptes étrangers en francs…

Le 15 juillet, puis le 12 août 1982, ces sommes sont transférées sur des comptes de dépôt en Allemagne pour être converties en francs suisses. Enfin, l'argent de la vente aboutit dans les coffres de la filiale suisse de la Banque Hottinguer à Zurich. Avant que cette manne, à présent sans odeur ni frontière, ne reparte pour être investie sous d'autres cieux.

Pour Vibrachoc, la boucle est bouclée : Patrice Pelat a réussi, au plus fort de la période la plus rigide de la gauche, à placer la moitié de sa fortune en Suisse !

*

* *

« Le Président règle ses dettes. » C'est Pierre Mauroy qui, selon Edwy Plénel, aurait lâché cette phrase désabusée en apprenant le rachat de Vibrachoc par Alsthom. Le Premier ministre aurait prononcé ces mots comme une évidence, devant certains de ses collaborateurs. Moins, semble-t-il, pour excuser l'attitude de François Mitterrand que pour justifier sa propre impuissance.

Jean Peyrelevade, qui était alors directeur adjoint du cabinet de Mauroy, n'a pas entendu prononcer ces paroles. Mais, avec le recul, il nous livre une explication beaucoup plus politique de ce qui s'est joué ces années-là.

– Pour comprendre pourquoi la CGE a acheté Vibrachoc en 1982 alors que cette société était dans une mauvaise situation financière, il faut se replacer dans le climat de l'époque. La Compagnie générale d'électricité venait d'être nationalisée par la gauche. L'État, derrière une direction de façade, avait en réalité offert les rênes de l'entreprise à Georges Pébereau, l'ancien bras droit d'Ambroise Roux, un proche de Georges Pompidou. Pébereau ne pouvait donc rien refuser au nouveau pouvoir. Le responsable d'une des deux autres banques participant à l'achat m'a raconté plus tard : « Mais Jean, vous ne savez pas tout, la moitié de Vibrachoc a été payée en Suisse ! » Des années après, j'ai croisé Alain Boublil, le conseiller économique de François Mitterrand, qui m'a livré une clé de ce comportement. « J'ai toujours dit au Président, m'a-t-il expliqué avec cynisme, qu'il faut nommer à ce type de poste des ennemis politiques parce que alors on a barre sur eux. Les amis, ce sont des emmerdeurs. Ils peuvent vous envoyer promener... ou vous dire carrément merde.

» À plusieurs reprises, j'ai pu expérimenter moi aussi cette belle théorie. Par exemple, un jour, alors que je présidais l'UAP, la société d'assurances où je venais d'être nommé, Pierre Bérégovoy, ministre des Finances, m'appelle pour me donner quasiment l'ordre de participer à une OPA contre la Société Générale. Je refuse catégoriquement. Le soir, le ministre me rappelle à mon domicile pour renouveler son diktat. Je refuse à nouveau. Bérégovoy me réplique sèchement : « Bien, je prendrai mes responsabilités. » Heureusement pour moi, *Le Monde* a relaté cet échange, ce qui m'a sans doute évité, ce jour-là, d'être viré... Mais pour tout dire, par la suite nos rapports ont été un peu froids.

Et Jean Peyrelevade d'ajouter :

– Je pense que ce comportement était une façon de tester un dirigeant fraîchement nommé, en lui demandant des choses pas tout à fait en règle pour mesurer ses capacités de résistance. Plus grave encore, je demeure persuadé, au fond de moi, que ce sont ces pratiques qui ont conduit Pierre Mauroy à quitter le pouvoir en 1984. Bien sûr, il y a eu les décisions économiques. Mais je voyais bien qu'il n'était pas à l'aise avec ce système profondément choquant. Avec de telles attitudes, c'est toute la République qui devient pénétrable. Les hommes d'affaires puissants s'y introduisent et s'adaptent au nouveau pouvoir, au gré de leurs intérêts personnels. Mais il n'y a pas que les grands patrons qui pénètrent la République. Avec eux, une kyrielle d'escrocs et d'aigrefins parviennent au sommet de l'État et corrompent le pouvoir et la politique. Or ce système a perduré bien au-delà de l'époque de Mitterrand, même si le Président – et son entourage – s'y prêtait trop volontiers. Il a perduré sous Chirac, puis sous Sarkozy. On retrouve les mêmes grands patrons et les mêmes grands escrocs, mêlés, au fil du temps, à différentes affaires…

*

* *

Après cette vente spectaculaire, comme le prévoyait Alsthom, Vibrachoc n'échappe pas à son déclin. La société périclite très vite. Dans une lettre adressée le 13 décembre 1982 à La BNP et au Crédit Lyonnais, le secrétaire général d'Alsthom prévient ses partenaires : il va rajouter 20 à 25 millions de francs au capital de Vibrachoc et prend note que les deux banques verseront 10 millions de leur côté.

Trois mois plus tard, Alsthom reconnaît dans un rapport interne que le prix de Vibrachoc a été très nettement surévalué et que, par ailleurs, son chiffre d'affaires a baissé.

Enfin, en octobre 1984, dernier rugissement du patron du Crédit Lyonnais : Jean Deflassieux est obligé de remettre de l'argent dans Vibrachoc. Mais il met bien, cette fois, les points sur les i : « L'évolution de la structure financière vient de rendre impérative une nouvelle augmentation de ses fonds propres. Nous vous confirmons notre accord pour y participer. En raison de l'importance des capitaux déjà engagés et des modalités, tout à fait particulières, de notre prise de participation, je tiens à souligner que cette intervention ne peut être que la dernière. »

On ne saurait mieux dire.

À la décharge de Patrice Pelat, il est probable que les bons résultats de sa société passaient par la façon dont elle était dirigée. L'engagement permanent et les initiatives personnelles de son fondateur jouaient un rôle déterminant. Les méthodes de management ont évidemment changé du tout au tout avec l'arrivée à la barre d'un grand groupe industriel, et la société en a subi les conséquences. Toutefois, dans les années à venir, Vibrachoc, repris en main par Hutchinson, connaîtra une seconde vie et équipera même les centrales nucléaires.

En tout cas, le lendemain du 8 juillet 1982, un homme libre, riche et heureux, vient de céder sa société dans des conditions mirobolantes. Il s'engage résolument vers une nouvelle existence. Le Pelat nouveau est né, un grand cru corsé et puissant.

– 10 –

LE VICE-PRÉSIDENT

Une fois franchies les grilles de la propriété, il faut encore rouler un bon moment pour parvenir à l'Écheveau.

Mais quel ravissement que ce château ! Une bâtisse très XVIIIe siècle, flanquée de ses deux tourelles, qui se laisse deviner de loin comme dans un conte de fées. Les heureux privilégiés gravissent une dizaine de marches d'un escalier qui mène à la majestueuse porte d'entrée. Les voilà projetés dans un hall avec colonnades et tapisseries Grand Siècle, dont les portes laissent place à une enfilade de pièces dédiées à la chasse. Les propriétaires des lieux ont opté pour un style résolument gentleman-farmer qui allie distinction et simplicité de bon aloi.

Une des sept chambres à coucher du château est réservée à l'année à l'ami-Président. Il peut s'y rendre, en toute discrétion, en hélicoptère sur une piste d'atterrissage privée. Les invités ont le choix entre une demi-douzaine de dépendances, toutes rénovées avec délicatesse, dont le pavillon Saint-Hubert (le protecteur de la chasse), la ferme de la Plaine et la ferme du Château. Et bien sûr, tout le monde peut profiter du tennis et de la piscine.

Mais c'est l'incroyable domaine qui retient l'attention : il est bon de se perdre dans ces six cent dix-sept hectares apprivoisés, ce mélange judicieux de terres cultivées, de prés et d'immenses forêts, dans tous les dégradés de vert, traversés par des sentiers de sable rouge. Les chemins conduisent à une dizaine d'étangs, qui bornent la propriété, aux noms évocateurs d'un passé glorieux : De Breviande… De Fontenaille… Le Malcharnier.

Paradis tracé sur mesure pour les chasseurs et les pêcheurs, l'Écheveau fait le bonheur de Patrice Pelat et de ses hôtes. Dans les dernières années, le jeune retraité passera de plus en plus de temps à sillonner ses terres en 4 × 4 Mercedes ou, plus prosaïquement, à taquiner la truite tandis que son épouse (qui sur des documents officiels se dit « exploitant agricole et sylvicole ») gère en maîtresse femme cette vie de château.

Pourtant le couple ne vit pas retranché sur ses terres. Ici, en Sologne, on reçoit beaucoup, presque à la bonne franquette. À l'inverse des voisins tous séparés les uns des autres par des kilomètres de bois et de barrières et adeptes du dicton « Pour vivre heureux vivons cachés », à l'Écheveau, on vient volontiers car l'ambiance est « joyeuse et éclectique », nous raconte Patricia, une proche des Pelat. Tous les milieux se côtoient, de Jean-Luc Lagardère, le patron de Matra, au boucher ami de l'époque de la Résistance.

Ce bijou grand style, niché dans la forêt à une heure et demie de Paris, a été acheté en 1984 à la belle-famille de l'un des fils et payé au comptant la somme astronomique de 11 100 000 francs.

*
* *

Dès les premiers jours de l'élection du Président, Pelat est choyé par l'homme fort du pays. Pour commencer, Mitterrand le fait nommer administrateur d'Air France. Pelat adore voyager. Il pourra ainsi faire le tour du monde sans bourse délier et séjourner gracieusement dans tous les hôtels Méridien du groupe.

Autre grande faveur du monarque de l'Élysée, Pat devient membre du comité des chasses présidentielles, aux côtés du responsable officiel, François de Grossouvre, de Gaston Defferre et de Philippe, un frère de François Mitterrand. Après l'ère Giscard, grand chasseur devant l'éternel, qui s'occupait personnellement de cette chasse royale, François Mitterrand transforme ce sport, très prisé des VIP, en un outil de relations publiques. Le Président a une sainte horreur de la chasse. Il lançait d'un air écœuré à Grossouvre, qui passait son temps dans des safaris en Afrique : « Mais pourquoi diable tuez-vous tous ces éléphants ? » Mais il mesure l'importance politique et internationale de ce lieu informel de rencontre.

« Deux cent vingt-quatre invités de marque, racontent les journalistes de L'AFP accrédités à l'Élysée Pierre Favier et Michel Martin-Roland, partagent chaque année le privilège de traquer le cerf ou le sanglier à Chambord – un domaine des Eaux et Forêts prêté quatre fois par an au chef de l'État –, et de tirer le faisan ou le lièvre au cours des dix chasses annuelles à Rambouillet ou à Marly. François Mitterrand examine de près la liste des invités. Outre les officiers supérieurs et les ambassadeurs, les invités personnels sont recrutés sur une liste établie par François de Grossouvre. Hassan II du Maroc, Hussein de Jordanie, Rainier de Monaco sont venus. Les ambassadeurs soviétiques et plusieurs apparatchiks de l'Europe de l'Est y retrouvent Georges Séguy, patron de la CGT, ou René Monory, président de droite du Sénat. »

Le petit carton d'invitation aux chasses présidentielles était très prisé, au même titre que celui du bal de la Rose à Monaco…

Instantanément, l'animosité est palpable entre le beau Pat et le rigide François de Grossouvre, un ami industriel, aristocrate de province, un des « concurrents » de Pelat. Comme lui, Grossouvre a soutenu François durant sa traversée du désert et l'a aidé financièrement. Depuis lors, Grossouvre voue au Président une dévotion vorace qui lui sera fatale…

En même temps qu'il anime le club très fermé des chasseurs de l'Élysée, Grossouvre a la main sur les services secrets et suit toutes sortes d'affaires ténébreuses. Cet homme raffiné mais susceptible, dont le cœur ne palpite plus que pour François Mitterrand, ne va pas supporter l'ami Pelat, avec ses manières joyeuses et débridées. Il est à la fois offusqué de ses plaisanteries grivoises et mortifié que son « cher Président » lui préfère ce rustre. Car force est de constater que l'intimité des deux anciens compagnons de stalag demeure à des années-lumière de sa relation policée avec le grand homme de sa vie. Surtout quand Grossouvre voit l'infidèle s'éloigner pour de longues balades le long des quais avec ce grand gaillard d'origine populaire et qu'il entend François, si réservé d'ordinaire, éclater d'un rire de gamin aux bonnes blagues de son copain de captivité.

En réalité, ces promenades, qui ont pris place dans la saga mitterrandienne, auraient débuté pour des raisons surtout médicales. Après sa première attaque cardiaque, en 1980, le cœur de Patrice demeure fragile. Le médecin lui prescrit de faire plusieurs kilomètres par jour, mais voilà, il n'aime pas marcher seul et néglige le conseil. Son groupe d'amis du stalag – ou ce qu'il en reste – décide alors de l'accompagner, chacun à tour de rôle. Le Président comme les autres. François Mitterrand apprécie de flâner dans Paris avec des collaborateurs, mais ses balades avec Pat prennent une tout autre tournure. Fini les discussions sur les livres, puisque son copain lit peu et que la grande littérature n'est pas son fort. Pendant une heure ou deux, le Président érudit se laisse aller à parler de tous les sujets, famille, amis, politique, économie, mais avec un thème de prédilection : les femmes. Et, sur ce chapitre, les deux copains sont comme des adolescents intarissables, évoquant, entre fous rires et confidences, leurs aventures sentimentales… Et l'œil toujours aux aguets. Quand leur chemin croise une Parisienne pimpante, Patrice lance : « T'as vu la belle nénette, je me la ferais bien ! » Lorsque Grossouvre assiste à ces débordements de cour de récréation, son mépris pour Pelat vire définitivement à la haine.

Il est d'autant plus jaloux que Pat, si l'on ose dire, « chasse sur ses terres », car en matière de « nénettes », Grossouvre n'est pas en reste. « Là où il s'accorde totalement avec le Président, c'est sur le terrain des conquêtes féminines », relate Pierre Tourlier, le chauffeur du Président, qui raconte que Grossouvre était même surnommé à l'Élysée « le rabatteur »...

Dans la belle euphorie qui submerge l'Élysée avec l'ivresse du pouvoir, l'ennemi numéro un de Grossouvre prend de plus en plus de place. Patrice est à l'aise partout, avec tout le monde, tout à son immense plaisir d'être l'intime de François. Il est le seul à entrer dans le bureau présidentiel sans frapper. Sa bonne nature lui permet de sympathiser facilement avec les collaborateurs et les proches du Président, comme il l'a fait toute sa vie. Boublil le décrit ainsi :

« Patrice, je l'ai connu durant la première année à l'Élysée. J'avais entendu parler de lui, mais je n'imaginais pas à l'époque l'affection réciproque que se portaient les deux hommes. Il m'a aidé à mes débuts, vis-à-vis des industriels du secteur privé, où il était considéré et respecté, en m'évitant des faux pas ou en me signalant des erreurs. Il était différent des autres membres de l'entourage proche du Président en ce qu'il était complètement étranger aux intrigues, aux rivalités de personnes et aux petits complots dont l'Élysée bruissait. Il était là quand le Président avait envie de le voir, et n'attendait rien de plus que ce compagnonnage affectueux. Belle allure, drôle, d'une vigueur physique impressionnante, toujours habillé avec élégance, Patrice nous remontait le moral. Son optimisme, sa joie de vivre étaient notre ballon d'oxygène. Certains, évidemment, avaient pris ombrage de cette familiarité, de cette intimité au grand jour, dans les rues de Paris. Il s'en est à peine rendu compte. Bon fusil et fine gueule, il partageait son temps entre sa famille, sa Sologne et ses amis. »

Au-delà de sa faconde, une rumeur courait même, selon laquelle le Président songeait à le nommer conseiller à l'Élysée pour les affaires économiques, voire ministre. Car Patrice ne jouait nullement le bouffon du roi, laissant ce rôle au beau-frère de celui-ci, Roger Hanin, dit Monsieur bonnes blagues : il était un interlocuteur pointu qui lui faisait partager sa réelle expérience du terrain, avec des conseils pratiques, réalistes et même audacieux. Il était en quelque sorte la voix des petits patrons qui ont réussi. On lui attribue un rôle important dans la décision du Président de ne pas appliquer l'ISF aux biens professionnels. Il n'avait d'ailleurs pas hésité, en décembre 1981, à prendre son stylo pour lancer dans un quotidien un appel aux industriels, les enjoignant de faire confiance à cette gauche qu'ils craignaient tant.

À force de visites fréquentes, Patrice Pelat va nouer des liens d'abord cordiaux, puis presque fraternels avec

Pierre Bérégovoy, alors secrétaire général de l'Élysée. Entre l'ancien ouvrier fraiseur, employé à seize ans dans une entreprise de textile, et l'ex-OS aux usines Renault, le courant passe instantanément. Pour les fêtes de fin d'année, les Pelat invitent le couple Bérégovoy au Sahara Palace, un grand hôtel le pied dans les dunes de Nefta, dans le Sud tunisien. À sa bonne habitude, Patrice organise les festivités, chronométrées à la minute près, et emmène gaiement « l'ami Pierre » consulter une célébrité locale, « le mage de Tozeur », qui a l'excellente initiative (avec, dit-on, l'aide des fiches de police de l'hôtel) de lui prédire une grande carrière dans la politique ! Une prophétie qui tombe à pic : le devin a su percer l'âme et les désirs secrets de son client qui n'aspire justement qu'à devenir le prochain Premier ministre de la gauche…

Et, comme le hasard fait si bien les choses, la famille Boublil au grand complet débarque au Sahara Palace pour se joindre à la joyeuse bande de copains, tous si proches du Président. Boublil jure ses grands dieux qu'il a payé son voyage (en faisant escale à Tunis pour voir de la famille) et qu'il avait la ferme intention de régler ses vacances ainsi que celles de son épouse, mais…

« Au moment de payer ma note, nous raconte l'intéressé, Patrice s'est écrié : "Tu ne vas tout de même pas payer ton séjour ? C'est impensable !"… Et comme j'insistais, il m'a dit : "Bon, d'accord, mais alors je prends toutes les consommations !" »

Très rapidement, Boublil devient, à son tour, un intime de Patrice et de toute la famille. Au point de créer, quelques années plus tard, une société de négoce de vins – Internégoce – avec un des fils Pelat, Patrice Junior, tous deux étant de véritables amateurs de grands crus. Une société qui a pour vocation de revendre de très bonnes bouteilles achetées aux enchères à Londres, aux amis des amis. Joindre l'utile à l'agréable...

Par la suite, les Boublil se rendront souvent chez les Pelat, à Paris et à la campagne, où ils feront bombance, dans la bonne humeur, avec une partie du Tout-Paris. Une partie seulement, car certains resteront prudents face au personnage et à son entregent.

Quelques proches de Mitterrand prennent en effet leurs distances, en tout cas c'est ce qu'ils affirmeront des années plus tard. Jacques Attali, par exemple, se montre circonspect : « Patrice était drôle, énergique, mais parfois encombrant... Il se vantait sans cesse des cadeaux qu'il faisait à François Mitterrand, ce qui était un peu gênant. » Et d'ajouter : « Il m'a invité des dizaines de fois à déjeuner mais je n'y suis jamais allé. »

*
* *

Quoi qu'il en soit, grâce à sa fortune et à la bienveillance présidentielle, Patrice Pelat va donner libre cours à sa nature, devenant encore plus prodigue et comme entraîné dans une spirale dangereuse : celle de la réussite à tout prix et de l'argent vite gagné. Il plonge dans l'univers du « toujours plus », sans que personne ne semble, à aucun moment, lui mettre des limites, des barrières, ni ne tire la sonnette d'alarme. Surtout pas son meilleur ami…

Lui, plutôt à droite, se charge par exemple de financer les journaux pro-Mitterrand. Le 1er juillet 1983, Il signe deux chèques, de 2 millions de francs chacun, pour soutenir le groupe de presse Support SA, qui comprend *Le Nouvel Observateur*, *Le Matin*, et *Emploi n° 1*. Un peu plus tard, le 23 octobre 1984, en fidèle soutien d'une presse qu'il ne lit pas, il versera à nouveau 1 400 000 francs au *Matin de Paris* qui connaît des graves problèmes de trésorerie.

Dans cette démarche de mécène de gauche, il rejoint une autre figure de l'époque, Max Théret. Ces deux personnalités atypiques se connaissent peu mais ont plus d'un point en commun. Le jeune Max était un fervent trotskiste avant de faire fortune en créant la Fnac, « pour que les ouvriers aient accès à la culture », grâce à une vision de la société et des qualités exceptionnelles d'entrepreneur. Par ailleurs, l'anticonformiste Max est lui aussi un ancien combattant de la guerre d'Espagne. Il s'est engagé dans l'armée républicaine espagnole, opposée à Franco, et il y a combattu plusieurs années.

La différence entre les deux hommes, c'est que Max aide la presse de gauche par conviction, tandis que Pelat, lui, apporte son soutien à une personne qu'il admire. Bientôt, les deux ex-révolutionnaires, devenus très riches, vont se retrouver intimement liés, une fois encore, dans une affaire judiciaire où leur sens de la fidélité va leur jouer un tour dramatique…

Au fil des élections, Patrice Pelat va sortir son carnet de chèques bien souvent pour aider de nombreuses associations politiques telles que l'association Majorité 88, ou celle de Jean Védrine, vieil ami du Président (et père du futur ministre des Affaires étrangères), l'Association pour l'étude de l'évolution de la France, dont l'objet laisse songeur : « Réunir des documents concernant certains aspects de l'évolution de la société française et des relations internationales de la France [...] »

Vaste programme !

Par ailleurs, Pelat continue d'aider la famille Mitterrand, la famille au sens large... Et, comme toujours, il apporte un soutien moral, mais aussi financier. Entre 1982 et 1989, l'analyse des comptes de Pelat (relevés par la Justice dans pas moins de neuf banques ou établissements financiers en France) fait ressortir de multiples dépenses au profit notamment des Mitterrand.

Certaines prêtent à sourire. Ainsi, le 23 mai 1986, Patrice Pelat offre 100 000 francs à l'association de Danielle Mitterrand, Cause commune, dont l'objet ne peut que le séduire. Il s'agit d'« accueillir et valoriser, s'il y a lieu, les expérimentations sociales. L'association promeut l'innovation, porte conseil et assistance aux initiatives individuelles et collectives qui enrichissent le patrimoine et la vie des Français. Elle contribue également aux recherches déjà entreprises dans le domaine de l'innovation sociale ; elle éveille, stimule et coordonne le développement des économies locales.

En outre, elle suscite des démarches nouvelles de solidarité. »

Re-vaste programme !

Détail croustillant, le jeune auditeur à la Cour des comptes trésorier de cette association n'était autre qu'un certain François Hollande !

De toute façon, Pelat n'a jamais cessé de venir en aide aux Mitterrand. Après la victoire de 1981, ce fut au tour du fils aîné du président, Gilbert, de bénéficier des largesses de la société Vibrachoc, même après son rachat par Alsthom. Gilbert Mitterrand percevait ce « complément de salaire » alors qu'il venait d'être élu député de Gironde. À quoi correspondaient ces sommes importantes que nous avons déjà évoquées ? La réponse n'est pas aisée. Il apparaît, dans les déclarations de l'entreprise au fisc, des honoraires annuels, des versements à François et à Gilbert Mitterrand. De 1972 à 1980, ces sommes s'élèvent, rappelons-le, à 293 000 francs pour le père, et à 579 000 francs – dans la période allant de 1981 à 1989 – pour le fils. Le directeur financier de Vibrachoc déclarera plus tard à la Justice : « Ces prestations étaient fictives [...] Je n'ai jamais vu de documents permettant de dire qu'il y avait eu prestation de conseils concernant cette société. Il s'agissait là d'un moyen détourné pour assurer une rente amicale de Patrice Pelat à monsieur Mitterrand. »

En outre, toujours selon les documents de l'entreprise, Gilbert Mitterrand facturait, lui, chaque année, des prestations mensuelles de 7 056 francs. Après l'achat de Vibrachoc par Alsthom, le nouveau PDG de l'entreprise certifiera par lettre « n'avoir pas trouvé trace [...] d'interventions correspondant aux honoraires versés à messieurs Mitterrand »... Il confirmera par ailleurs que le virement automatique de 7 056 francs mensuel dont Gilbert bénéficiait avant l'arrivée d'Alsthom avait été annulé le 22 mars 1989.

À quoi servaient ces paiements ? Pour quelles raisons mystérieuses le fils a-t-il été mieux loti que le père ? Les sommes touchées s'ajoutaient-elles aux versements réguliers ? Nous aurions aimé éclaircir ces points, mais Gilbert Mitterrand n'a jamais donné suite à nos demandes de rendez-vous.

De plus, Michel Guénot avait demandé à être réentendu par les enquêteurs pour ajouter des informations à sa première déposition. Il dit « avoir le souvenir qu'au début de l'année 1980 un transfert de provisions pour frais a été fait sous forme de mise à disposition dans une banque de Lausanne, pour monsieur François Mitterrand lui-même. Par contre, raconte le collaborateur de Pelat, je ne me rappelle pas si ce transfert a été fait à partir d'un compte personnel de monsieur Pelat ou d'un des comptes de la société Vibrachoc. Je ne me souviens plus du montant, mais il devait être de l'ordre de 7 000 à 8 000 francs français ».

Mais cette affirmation – qui rappelle étrangement le voyage de leader du PS en Suisse dix ans auparavant – n'a jamais pu être confirmée par la Justice.

Après l'élection présidentielle, un seul chèque à l'ordre de François Mitterrand a été retrouvé dans les comptes de Pelat. Un mystérieux chèque de 150 000 francs, établi début septembre 1988, directement au nom du chef de l'État. Ce versement pour le moins intrigant donnera lieu à plusieurs interprétations. Nous en reparlerons.

*
* *

À partir de 1972, dans les différents univers parallèles de François Mitterrand, la relation avec la jeune Anne, la fille de ses amis Pingeot de Clermont-Ferrand, de vingt-sept ans sa cadette, a pris de plus en plus de place. Une histoire chuchotée par quelques-uns et tenue secrète pour le grand public. Patrice est évidemment dans la confidence dès le début.

Le couple se cherche alors un nid où se poser, loin des regards. Il jette son dévolu sur une petite bâtisse dans le très joli village haut perché de Gordes, dans le Luberon. La maison sera acquise au début des années 1970 par des amis du leader du PS. Plusieurs d'entre eux s'étaient associés pour offrir ce bijoux champêtre à leur grand homme, afin d'abriter ses amours clandestines. Cette maison deviendra le terrain de jeux de la petite Mazarine des années plus tard.

Un achat entouré de ténèbres. Officiellement, une amie du couple, Laurence Soudet, a acheté la maison par le biais d'une société civile immobilière, la SCI de Lourdanaud. François de Grossouvre a participé largement au financement, comme il le racontera à la Justice.

« Il y a plus de vingt-cinq ans, a-t-il expliqué, François Mitterrand m'a dit qu'il avait trouvé une maison en mauvais état à Gordes et m'a proposé de l'acheter avec lui, ce que j'ai accepté. Plus tard une SCI a été créée et j'ai apporté ma quote-part, qu'ensuite j'ai cédée à Anne Pingeot [...] Madame Pingeot en est la gérante et l'associée majoritaire, et madame Soudet détient le reste des parts. Madame Soudet est actuellement conseillère à la Présidence de le République. »

Patrice Pelat ne semble pas être intervenu dans ce don des admirateurs de la première heure. Mais en 1986, il va donner un sérieux coup de pouce au couple *bis* en aidant la jeune femme à agrandir et embellir sa demeure de village, sachant à quel point François prend plaisir à s'y ressourcer. Une somme importante. Un chèque de 270 000 francs sera tiré sur son compte bancaire.

Entre-temps, Anne Pingeot, qui a donné naissance en 1974 à leur fille Mazarine, se partage entre l'appartement du quai Branly, la résidence présidentielle de Souzy-La-Briche, dans l'Essonne, et la maison de Gordes.

Au moment même où François s'amourache d'Anne, Patrice rencontre lui aussi une très jeune personne, de trente-six ans de moins que lui : la fille d'un restaurateur chez qui il passait déjeuner, près de son usine. Isabelle est une petite brunette vive mais discrète, comme l'est Anne, avec un corps sportif et un caractère bien trempé.

Aucun des deux amis ne songera sérieusement à quitter l'épouse légitime. Selon son fils Olivier, Patrice Pelat rentrait tous les soirs chez lui et adorait sa femme. À l'entendre, Patrice aurait été le seul homme de la vie de sa mère. Il répète plusieurs fois : « Papa vénérait maman ! » Et, sans vénérer Danielle, François conservera jusqu'au bout une belle complicité avec elle. Néanmoins, les amis de la famille Pelat parlent de « quelques tensions dans le couple et d'une épouse belle, digne, très pratiquante, qui “prenait sur elle”, comme savaient si bien le faire les grandes bourgeoises d'alors ». Sans l'ombre d'un doute, ces deux hommes étaient adorés avec constance, aussi bien par leurs épouses que par leurs jeunes maîtresses. Elles demeureront auprès d'eux jusqu'à la fin, avant de s'éclipser dans le silence. Jusqu'aujourd'hui.

Nous avons retrouvé facilement plusieurs adresses au nom d'Isabelle P. Elle tient également un salon de thé non loin de chez elle, à proximité de plusieurs ambassades. Nous nous y rendons à l'heure du déjeuner avec l'espoir de la rencontrer et d'affiner notre portrait de Patrice Pelat. Ce lundi, la petite salle est pleine. Des jeunes cadres picorent des salades pastel dans un brouhaha distingué. Une femme dynamique vient vers nous, sourire aimable et professionnel. Habillée d'un petit pull beige et d'un pantalon assorti, sans maquillage ni autre artifice, elle fait plus jeune que ses soixante-deux ans. Elle dégage une énergie sereine et ne joue aucunement l'hôtesse avenante et familière.

En deux minutes trente chrono, nous avons juste le temps d'expliquer que nous souhaiterions parler avec elle de Patrice Pelat, avant qu'elle ne nous réponde, sans la moindre hésitation, comme si cette réponse était prévue depuis des lustres : « Vous trouverez plein de gens pour vous parler de Patrice Pelat. Mais pas moi », puis nous indique la porte qui vient, fort opportunément, de s'ouvrir.

Cette ex-« conseillère économique » dans une grosse société dirigée par des amis de Patrice (emploi qu'elle quittera en 1989, juste à la mort de son bienfaiteur) sera entendue plus tard par la Justice. Elle refusera de parler de sa vie privée, et même de son travail, mais reconnaîtra toutefois « avoir reçu de Patrice Pelat [...] différents règlements d'un montant total de 1 084 500 francs et que nombre de [ses] dépenses étaient réglées par lui ».

Une discrétion qui s'étend aux proches de l'ex-patron de Vibrachoc. Nous avons tenté une timide évocation d'Isabelle avec la secrétaire particulière de Patrice Pelat. Mireille Carpentier a consenti seulement à nous lâcher cette phrase énigmatique, lèvres pincées : « Monsieur Pelat savait où il mettait les pieds... »

L'ancien patron de Vibrachoc peut dépenser sans compter pour ceux qu'il aime. Et aussi de façon parfaitement désintéressée. Un exemple parmi d'autres. En 1984, il avance volontiers à une de ses anciennes employées 200 000 francs sans intérêts, en prêt-relais, afin qu'elle achète un appartement. Il a même la délicatesse de ne pas demander de reconnaissance de dette.

Il sera récompensé de sa largesse car le remboursement se fera à la date prévue sans aucun problème.

Mais, comme disait le général de Gaulle en reprenant Audiard : « Il ne faut pas prendre les enfants du bon Dieu pour des canards sauvages ! » Le récit qui suit en témoigne.

Un ami des chasses présidentielles a lui aussi emprunté de l'argent à Pelat, mais lui a été contraint manu militari de le rembourser, et avec intérêts. Ce proche de Charles Hernu avait, selon lui, fait acheter au futur ministre de la Défense l'ancienne propriété d'Alain Minc dans le Luberon. Il y a rencontré François Mitterrand et Patrice Pelat. Grand adepte de la chasse, il sera nommé en 1981 au fameux comité des chasses présidentielles. Traversant une passe financière difficile, il demande à Pelat de lui prêter 400 000 francs. Pelat accepte, mais à des conditions bien précises : un prêt à 11 % d'intérêts qu'il doit rembourser à échéance fixe. Ne voyant rien venir après plusieurs années, Patrice le met en demeure par lettre recommandée, avant de le faire assigner par huissier. Le copain d'Hernu devait rembourser 494 000 francs, soit les 400 000 francs du prêt plus les 94 000 francs d'intérêts prévus et, avec les pénalités, cela lui reviendra à 557 000 francs. Pour rester dans le domaine animalier, Patrice n'était pas du genre agneau qui se laisse tondre facilement…

*

* *

L'aide du bon Pat n'est pas que financière, il soutient aussi psychologiquement François quand le besoin s'en fait sentir. Il lui prodigue même, souvent à sa demande, des conseils. Une circonstance politique particulière et totalement inédite sous la Ve République va encore plus les rapprocher : la cohabitation. La victoire de la droite aux élections législatives de 1986 et la nomination de Jacques Chirac comme Premier ministre placent le Président dans une position délicate et inconfortable. Ses ennemis prennent le pouvoir mais il garde la manette suprême et doit se battre pour continuer de diriger, voire d'exister. Une guerre d'usure quotidienne. À cette occasion, les deux camarades reprennent leurs promenades à un rythme plus soutenu. Elles deviennent presque quotidiennes. Sur le coup de midi ou de 13 heures, Patrice vient chercher François à l'Élysée. Désormais, le chef de l'État a plus de temps libre, et surtout il éprouve le besoin de sentir près de lui des personnes d'une confiance sans faille.

Pierre Favier et Michel Martin-Roland, les journalistes accrédités de l'AFP, décrivent la situation avec justesse : « Selon tous les témoignages, le Président avait en effet donné l'impression d'être, sinon abattu, du moins éprouvé par les premières semaines de la cohabitation. » Lionel Jospin conserve la même impression : « Les premières semaines ont été une épreuve psychologique et personnelle pour Mitterrand. Ses proches le voyaient beaucoup dans les premiers temps. Il avait besoin d'être entouré, soutenu. »

Pelat retrouve naturellement la position d'interlocuteur privilégié, de confident sans limite. Lui qui répugne aux interviews se livre aux deux journalistes : « C'était pénible pour Mitterrand de voir arriver ses adversaires avec leurs airs de vainqueurs ! »

Patrice reprend donc le rôle qui lui sied le mieux : le conseiller tout-terrain, l'ami bouche cousue, avec lequel le chef de l'État peut parler sans risque, sans contrainte et sans limite, car il n'appartient à aucun clan, à aucune coterie politique et ne brigue aucun poste.

Cette situation n'échappe pas à l'entourage présidentiel qui, comme toutes les cours royales, bruisse de rumeurs sur le favori du moment. Alain Boublil le raconte dans son livre de souvenirs avec une spontanéité touchante.

« Progressivement, l'Élysée se referme sur lui-même. Il y a certes quelques voyages, des inaugurations, mais le cœur n'y est pas. Instinctivement, chacun s'imagine bien que le Président doit tenter une sortie. Elle prendra la forme la plus bonhomme qui soit : des promenades dans Paris [...] Enfermé depuis cinq ans, surchargé de travail mais jamais absent, il peut se distraire enfin quelques instants par semaine pour aller respirer l'air de la ville, s'arrêter chez ses libraires préférés, visiter un ami souffrant. Et souvent, vers 5 heures, son compagnon de marche, Patrice, viendra taper à la porte de mon bureau et me racontera ce que les deux vieux complices ont fait, quel itinéraire, quelle rencontre ou quelle visite, sans jamais bien sûr violer l'intimité de leurs conversations. »

Ces balades prendront même un tour carrément politique lorsque Mitterrand se demandera – ou fera semblant de se demander – s'il doit se représenter, en 1988, à l'élection présidentielle. Dans un premier temps, son complice lui conseille d'arrêter. En bon vivant, il lui fait miroiter les moments de bonheur qu'ils pourraient à présent s'accorder tous les deux : « Si tu n'y vas pas, on va pouvoir enfin voyager ensemble. Ce sera formidable, on ira partout ! »

– Il m'écoutait en souriant, confiera Pelat aux correspondants de l'AFP, mais il ne tranchait pas. Puis, peu à peu, il s'est mis à me dire que son œuvre n'était pas achevée et que les attaques de ses adversaires le poussaient à relever le défi...

Et d'ajouter cet exemple précis :

– La première fois que j'ai senti frémir chez lui la volonté d'en découdre remonte au 20 août 1986. Ce jour-là, il a semblé surpris de la chaleur de l'accueil de la population de Gap, cette préfecture tranquille qui est pourtant loin d'être un bastion socialiste. Après avoir traversé la ville à pied, sous les acclamations, il m'a dit : « Qu'en penses-tu ? » Je lui ai répondu : « Si tu reçois déjà un tel accueil dans une province de France, alors tout est à espérer. »

Adieu les voyages autour du monde, les bonnes tables, les discussions au coin du feu ! Pelat baisse les bras, résigné : son François est une bête politique, il n'a pas la moindre intention de dételer et de prendre une retraite, même heureuse. Avec ou sans les copains.

Pendant cette période où on le surnomme, mi-amusé, mi-sérieux, « le vice-président », Patrice Pelat franchit encore une étape. Un cap décisif. Avec ce qu'il a vu et appris, cet homme affable est persuadé que tout se joue par contacts et pistons, en utilisant les personnes qu'il connaît bien ou qui ont besoin de lui. Il faut dire qu'il a des atouts dans sa besace : il est l'ami insubmersible du président de la République et, de surcroît, il s'est constitué, par ses attentions et ses cadeaux, une cohorte de débiteurs bien placés.

Nous avons rencontré un entrepreneur parisien qui, à ses débuts, a vécu une expérience tout à fait révélatrice, laquelle a modifié son opinion sur la société en général et sur la politique en particulier.

En 1984, jeune cadre prometteur, notre héros vient d'être nommé directeur financier d'une entreprise connue, autrefois florissante, mais qui rencontre à présent de sérieuses difficultés. De plus, elle croule sous des taxes professionnelles très élevées. Le jeune homme propose d'entamer des négociations avec le fisc pour obtenir des allègements, ce qui est une pratique courante. Puis il apprend que son patron entretient depuis des années des relations très cordiales avec un ami du président Mitterrand – qu'il ne connaît pas –, un certain Patrice Pelat : les deux hommes se rencontrent souvent à la chasse et s'invitent dans leurs propriétés respectives pour tirer le gibier. Son patron et lui prennent rendez-vous avec Pelat. Première surprise : l'ami du Président décroche son téléphone et joint sur sa ligne directe Pierre Bérégovoy, alors ministre des Finances. Il lui parle sur un ton sans réplique et lui dit : « Pierre, tu peux recevoir demain un de mes copains et son directeur financier ? » Deuxième surprise : cela ne ressemble pas à une demande, mais a tout l'air d'un ordre. Le jeune cadre n'en revient pas qu'on puisse s'adresser ainsi à un ministre d'État ! Pelat raccroche et annonce que lui-même ne pourra pas se rendre au rendez-vous ministériel mais que son fils Patrice va y aller à sa place.

Le lendemain, notre directeur financier, accompagné de son patron, retrouve Patrice Pelat Junior. Arrivé au ministère des Finances, celui-ci se comporte comme s'il était en territoire conquis. Il franchit les portes sans rien demander à personne, y compris celles qui comportent des codes… qu'il semble connaître par cœur ! Les deux visiteurs ferment la marche, surpris et intimidés. Finalement, les corridors arpentés débouchent sur le bureau de Pierre Bérégovoy. Le ministre des Finances les salue chaleureusement et, presque gêné, leur indique qu'il ne peut pas les recevoir plus longuement mais qu'un de ses conseillers va le remplacer et s'occuper de leur affaire. L'industriel se souvient d'avoir détaillé ses desiderata au collaborateur du ministre tandis que ce dernier prenait consciencieusement des notes, comme à l'école. À la fin de l'entretien, il leur assure avec déférence « qu'il fera le maximum ».

– Ce jour-là, avoue notre interlocuteur, j'ai découvert le pouvoir de Pelat et j'ai eu l'impression étrange que c'était lui qui dirigeait le pays ! De plus, j'ai mesuré alors le degré de fortune de la famille…

Et il ajoute :

– Je n'ai jamais été invité dans leur « château en Sologne » mais Patrice Pelat fils, que j'ai revu plusieurs fois pour notre affaire, aimait en parler. Selon lui, d'ailleurs, son père avait fait installer un hectare de gazon dans sa propriété !…

*

* *

Il n'empêche que l'ancien industriel commence à s'aventurer sur un terrain glissant. Patrice Pelat aurait pu à ce moment-là se retirer des affaires et vivre des rentes très confortables de sa fortune. Bien sûr, il profite déjà de cette aisance, il voyage beaucoup, avec ou sans sa famille. Son nom est même avancé pour préparer et superviser les cérémonies de l'Année de l'Inde qui doit se tenir bientôt à Paris. Mais cette retraite en or massif ne suffit pas à ce boulimique, cet hyperactif de la vie. Il va codiriger une entreprise d'investissement, les Comptoirs financiers privés. Prévoyant l'avenir de ses deux fils, il va créer pour eux une société, Européquipement. Il va faire aussi ce qu'il a toujours fait : aider et conseiller les autres. Par amitié mais aussi, parfois, par intérêt. Les deux peuvent être liés… La disponibilité et l'efficacité de Pelat font en effet le tour du patronat français. Ses bons services et ses bonnes relations faisant merveille, l'ami du Président est sollicité, par exemple, en 1983, par le PDG d'une grande entreprise du bâtiment, Campenon Bernard Construction (CBC), pour leur donner un coup de main afin d'obtenir la construction d'un grand hôtel en Corée du Nord. En acceptant cette proposition, l'ami du Président allume, sans s'en douter, la mèche d'une machine infernale qui, même après sa mort, va entraîner une affaire d'État et le suicide de Pierre Bérégovoy. Nous y reviendrons bien sûr.

Pelat s'occupe également de ses intérêts. Par goût, pour s'amuser, mais aussi pour faire fructifier sa nouvelle fortune, il investit dans la Bourse. Grâce à des tuyaux, il va dénicher des affaires rentables avec, si possible, toujours un temps d'avance sur les autres joueurs… Avec son entregent, il est en bonne position pour réussir de belles performances. Mais, là aussi, le jeu peut devenir dangereux car les « bons tuyaux » frôlent souvent le délit d'initié et flirtent avec l'illégalité. Mais, d'abord, la pratique est courante dans le monde de la finance et, de surcroît, quand on est monsieur Pelat, avec ses relations et ses protections, que risque-t-on ? Pourtant le danger est là, bien réel, sans qu'il s'en aperçoive, ni ne voie le coup lui arriver droit dessus. D'autant qu'au début, comme toujours, tout lui sourit.

En avril 1985, l'un de ses proches, directeur financier d'une grande entreprise, cède 9 000 actions de sa société à ses trois enfants. Un bon père de famille avec une louable intention. Mais la réalité se révèle moins idyllique. Une partie de la prestigieuse entreprise doit être bientôt introduite en Bourse dans le second marché, mais cela tout le monde – ou presque – l'ignore encore. L'information sort officiellement le 22 avril, et quatre jours plus tard les actions sont introduites au prix de 380 francs l'unité. C'est aussitôt la ruée sur le titre, qui, devant l'afflux de demandeurs, grimpe en flèche. Le 6 mai, Patrice Pelat rachète aux trois enfants chanceux toutes leurs actions pour 5 220 000 francs !

Et l'on continue de s'arracher ce titre prometteur qui ne cesse de grimper. Ils ne seront pas moins de six millions de demandeurs potentiels, tambourinant à la porte du palais Brongniart, car la cotation, à présent, a bondi à 1 520 francs. Fin mai, la situation se calme et le cours se stabilise autour de 820 francs. Une belle, très belle performance, pour les rares gagnants à ce Loto particulier. C'est à ce moment-là, bien sûr, que Pelat revend ses actions, empochant au passage une coquette somme qui avoisine les 8 millions de francs…

Finalement, que dire de cette opération si bien montée ? Tout le monde semble trouver son compte dans cette affaire amicale et familiale rondement menée. D'abord, les trois enfants en vendant leurs titres à Pelat 580 francs (touchant plus de 5 millions !), surtout qu'il aurait été délicat pour eux de revendre sur le marché boursier les actions de la société de leur propre père… Les experts de la COB (le gendarme français de la Bourse) auraient pu suspecter le directeur financier de l'entreprise – évidemment informé à l'avance de la cession – d'avoir fait bénéficier ses enfants d'un délit d'initié… Quant à l'ami Pelat, il réalise, en quelques jours, en quelques chèques et en quelques clics, une excellente opération en revendant ces titres pour un bénéfice tout rond de 2 millions et demi de francs !

Bref, à un certain niveau, tout le monde est satisfait. À un haut niveau seulement. La situation est bien moins drôle pour les petits porteurs qui, eux, ignoraient l'entrée imminente en Bourse de la société, et donc le bond qu'allaient faire ces titres. Pelat a-t-il bénéficié d'un délit d'initié ? Impossible aujourd'hui de l'affirmer car l'affaire n'a fait l'objet d'aucune procédure judiciaire, et la Commission des opérations de Bourse (COB) semble n'avoir rien remarqué… En tout cas, aucune enquête n'a été ouverte.

On comprend dès lors que Patrice Pelat ait une confiance absolue en sa baraka. Mais, hélas pour lui, sa bonne étoile va disparaître brusquement. Comme elle est venue, sans le moindre avertissement. Et Patrice va tomber dans les rets de la Justice à propos d'une affaire d'initiés, bien établie celle-là, l'affaire Pechiney.

– 11 –

L'AFFAIRE PECHINEY PELAT PIÉGÉ PAR LA JUSTICE

Jean-Claude Marin, aujourd'hui avocat général à la Cour de cassation, est l'un des magistrats les plus puissants de France. Il a requis contre les prévenus de l'affaire Pechiney de façon percutante et violente :

« C'est la première – et dernière fois – en France que les auteurs d'un délit d'initié ont été condamnés à des peines de prison ferme, rappelle-t-il. Jusque-là ce délit ne concernait que le petit univers de la Bourse et n'intéressait pas grand monde. Mais l'affaire Pechiney mettait en cause le meilleur ami du président de la République et touchait au cœur de l'univers politique. Patrice Pelat n'avait pu avoir son information que dans des cercles intimes du pouvoir. L'enquête judiciaire a duré quatre ans et nous avons reconstitué dans le détail le parcours des initiés, de l'alpha à l'oméga, ce qui est rare dans une affaire financière. Nous avons parcouru le monde, le juge d'instruction Édith Boizette, les policiers et moi-même, et obtenu une coopération totale des magistrats helvétiques. Ce qui nous a permis de connaître l'identité des acheteurs français en Suisse. Mais pour bien comprendre l'affaire Pechiney, il faut comprendre qu'elle est symptomatique de la politique économique de la gauche en 1988. Et de ses contradictions… »

À l'époque, en effet, le pouvoir hésite entre le libéralisme économique, tendance Rocard, et le dirigisme, tendance socialiste pure et dure. Or voici qu'une occasion en or s'offre aux tenants du dynamisme économique, version gauche : l'un des grands groupes français leaders mondiaux de l'aluminium, la société Pechiney, vient d'être nationalisé. Cette société a l'opportunité d'acquérir le puissant groupe américain Triangle. Une des filiales de Triangle, American National Can (ANC), est la seule du groupe à posséder une réelle valeur financière et industrielle. Elle est en effet le numéro un des boîtes en aluminium dans le monde, et son chiffre d'affaires s'élève à 4 milliards de dollars. Une bonne opération pour la France. Le but de l'Élysée dans cette affaire est clair : le gouvernement tient à prouver qu'une société 100 % nationalisée par la gauche est capable d'acheter une entreprise américaine aussi bien que le ferait un gouvernement de droite. C'est d'ailleurs Alain Boublil qui a lancé l'idée et qui va suivre l'opération de près. Une belle réussite pour lui. Si tout va bien…

Mais, dès le départ, les Américains placent la barre très haut et les négociations vont s'éterniser. Des deux côtés, il est impératif d'être très prudent et de garder le secret : ébruiter le projet serait une catastrophe, car l'annonce de l'achat ferait grimper le prix des actions de façon vertigineuse. Les pourparlers vont durer plus de six mois, avec des hauts et des bas et des scènes dignes d'un *James Bond.*

Alain Boublil fait naturellement partie du très sélect Racing Club de France, l'endroit où il faut être vu et où se nouent des relations utiles. Il s'entretient sur le projet avec son compagnon de tennis Jean-Louis Vinciguerra, qui n'est autre que le directeur financier de Pechiney. Boublil suggère un intermédiaire pour cette opération de haut vol. Samir Traboulsi est, selon lui, la bonne personne, au bon endroit. Déjà, cet homme d'affaires d'origine libanaise s'occupe, pour la France, des intérêts de Nelson Peltz, le financier américain du genre requin qui s'est emparé à l'arraché de Triangle. Tout le monde le craint et le redoute. Donc un *go between*, charmeur et malin comme le beau et subtil Samir ne peut être qu'un atout de plus. Et les choses sérieuses commencent.

D'abord, le PDG de Pechiney, Jean Gandois, donne son accord pour entamer les discussions. On évoque tout de même un prix avoisinant les 7,5 milliards de francs. Alain Boublil, comme instigateur, suit les pourparlers et tient évidemment au courant son ministre, Pierre Bérégovoy. Boublil est informé, au jour le jour, par Samir… L'homme d'affaires libanais, pour des raisons fiscales, vit à l'année au Grand Hôtel de Paris, à Monaco. C'est un ami très proche d'Alain Boublil, qu'il invite souvent en famille pour des week-ends dans son palace sur le Rocher.

Pour faire aboutir la vente de Triangle, Samir ne ménage pas ses efforts. En août, il loue au prince de

Fürstenberg son yacht de cinquante mètres, le *Paminouche*, pour que Peltz et Vinciguerra se rencontrent dans la magnifique baie de Figari, au large des côtes corses. Sa commission s'élève tout de même à 1 % du prix de la vente. Comme par hasard, Boublil et sa petite famille sont également de la fête, invités par le prodigue Libanais. Plus tard, Boublil se donnera beaucoup de mal pour convaincre la Justice qu'il était sur le yacht comme par magie et qu'il n'a aucunement participé aux discussions qui s'y sont déroulées. À peine s'il était au courant…

Durant l'été 1988, en tout cas, les négociations avancent. Samir ne lésine pas sur les moyens pour convaincre Peltz de l'intérêt de vendre sa société à la France. Il va même jusqu'à lui offrir une villa à Antibes afin que les charmes de la Côte d'Azur inspirent son épouse ! Même dans *007* on n'avait pas osé ! Mais il en faut plus pour convaincre le coriace financier. En septembre, les discussions patinent et elles sont même à deux doigts de capoter, les deux parties n'arrivant pas à se mettre d'accord.

Enfin, à la mi-octobre, Peltz et Gandois se rencontrent clandestinement dans une suite de l'hôtel Ritz, à Paris, réservée sous un faux nom par le PDG de Pechiney. Et, miracle, ce qui n'a pas pu se conclure sur les flots semble se réaliser sous les stucs du palace de la place Vendôme. L'astucieux intermédiaire se frotte les mains car l'accord paraît, cette fois, sur le point d'aboutir. Il change de catégorie : de riche, il va passer à très riche !

Quelques jours auparavant, Samir Traboulsi vivait son heure de gloire. En effet, le 3 octobre, dans les somptueux salons du ministère des Finances, donnant alors sur la Cour carrée du Louvre, il recevait la Légion d'honneur des mains du ministre des Finances, Pierre Bérégovoy. Tout le gotha des affaires s'était donné rendez-vous à la cérémonie, dont Jean Gandois, le PDG de Pechiney, bien sûr, mais aussi Jack Lang, Pierre Bergé, David de Rothschild. Le frère du président, Robert Mitterrand, y retrouve son vieil associé, Patrice Pelat. Plus Samir grimpe l'échelle sociale, plus il se découvre d'amis…

L'homme est d'agréable compagnie et sait y faire. Avec lui tout paraît simple et facile. Lors d'un dîner, Gilberte Bérégovoy, l'épouse du ministre, lui parle de son amour pour l'opéra. Samir s'exclame : « Mais quelle chance ! j'ai justement des places pour aller entendre *Tosca* à la Scala de Milan dans quelques jours ! Je vous emmène avec mon avion. » Pierre Bérégovoy plonge le nez dans son assiette d'un air gêné, mais il n'ose pas refuser de peur de faire de la peine à son épouse.

Jacques Attali, lui, sait parfaitement se défendre contre ce genre de sollicitations : « La femme de Traboulsi téléphonait à la mienne sans cesse pour qu'on déjeune ensemble et je n'ai jamais voulu. » Après une courte réflexion, Attali ajoute une pique : « Manifestement Bérégovoy s'est laissé prendre… » D'ailleurs, dans *Verbatim*, il rapporte ce mot du Président apprenant ces relations : « Il ne devrait pas, il ne devrait pas ! » Car les liens entre Samir Traboulsi et Pierre Bérégovoy ne cessent de se resserrer, même si l'on ne peut imaginer deux personnalités plus dissemblables que le beau parleur oriental et le très sérieux et austère ministre des Finances. Mais l'un, manifestement, fascine l'autre.

Pour l'instant, Traboulsi baigne dans l'euphorie. Il attend fiévreusement le dénouement de l'affaire Pechiney… et sa commission royale.

Enfin, le mercredi 9 novembre, l'accord paraît sur le point d'aboutir. Le directeur financier de Pechiney, Vinciguerra, appelle Boublil et lui demande de dégager un créneau dans l'emploi du temps de son ministre. Le lundi 14 novembre pourrait convenir.

Quant à l'Américain Peltz, il a épuisé les charmes de la France. Il veut signer l'accord, OK, mais chez lui, en Floride. Donc la course contre la montre commence. Gandois et Vinciguerra s'engouffrent le vendredi dans le Concorde pour New York, puis dans un autre avion à destination de Palm Beach. La dernière discussion porte sur la valeur des actions qui devrait atteindre, après l'achat, de 50 à 60 dollars, soit cinq à six fois plus que leur valeur actuelle. Un bond gigantesque. D'ailleurs, pour plus de sécurité, ils décident que l'accord final sera signé durant le week-end, jours de fermeture de la Bourse. Par politesse Peltz prévient Gandois qu'il a informé Traboulsi de la bonne nouvelle. Il ne manque que le feu vert officiel du ministère des Finances.

Samir ne perd pas de temps. Le lendemain soir, samedi, il appelle à son domicile Gandois, qui vient de débarquer de l'avion, pour lui proposer d'arranger une rencontre avec Bérégovoy. Le PDG le trouve un peu culotté et lui répond sèchement que le rendez-vous est déjà pris… Jean Gandois fait aussi prévenir Michel Rocard que l'accord est conclu. Naturellement Boublil et Bérégovoy sont informés à leur tour.

Mais, par les hasards du calendrier, tout ce beau monde se retrouve le lendemain à une fête privée prévue de longue date… et qui va faire date !

Ce dimanche 13 novembre, les Bérégovoy fêtent leurs quarante ans de mariage. Des noces d'émeraude, tout de même ! Le couple a réservé pour ses amis le restaurant Chez Edgard, près des Champs-Élysées. Un endroit à la mode, fréquenté par le gratin des politiques et des journalistes, privatisé pour l'occasion. Tous les amis sont là, les Traboulsi, les Boublil… Et les Pelat et fils, Patrice et Olivier (ce dernier arrivera après le café). C'est simple et amical. La Brésilienne madame Traboulsi scintille en fourreau blanc et gants longs assortis.

« Il y avait une soixantaine de convives et ils étaient une vingtaine à la table des Bérégovoy, racontera le propriétaire des lieux, Paul Benmussa, une figure de la restauration parisienne. Les invités sont arrivés vers midi. Ils ont pris un apéritif au bar, où ils sont restés environ trois quarts d'heure. Vers 13 heures, ils se sont assis, sans protocole. Aucun plan de table n'était prévu. À la table du ministre, monsieur Boublil était installé à la gauche de madame Bérégovoy, et en face de lui se trouvait madame Traboulsi. Monsieur Traboulsi, lui, était assis à l'extrême droite. Je ne connaissais pas les autres personnes, notamment monsieur Pelat. À la fin, on a présenté un grand gâteau orné de quarante bougies. La réception a coûté 18 000 francs et a été réglée par un chèque personnel de monsieur Bérégovoy. »

Boublil confirmera plus tard qu'il était bien assis en face de madame Traboulsi. À part la présence de la Brésilienne au port altier, son souvenir se brouille. Selon Boublil, madame Bérégovoy n'était pas à sa droite. Il ne se souvient plus de l'invité à sa gauche non plus… Mais il se rappelle que madame Traboulsi avait, elle, à sa gauche, un certain sieur Liron, pâtissier de son état, fournisseur du Premier ministre en gâteaux, et, à sa droite, Jean-Charles Naouri, l'ancien directeur de cabinet du ministre. Au fond, Boublil se souvient des gens placés ici et là, mais jamais de ses voisins de table, ni de ceux de Pelat.

D'ailleurs, aucun des invités interrogés plus tard par la police ne se souviendra avoir été placé à gauche ou à droite de Patrice Pelat. Chacun garde en mémoire la dame au milieu, le monsieur au bout de la table, mais près de Pelat, silence et oubli. À peine si certains se rappellent vaguement avoir vu, en bout de table, le ministre auprès de Pelat et de Traboulsi… Une amnésie soudaine, comme si le « vice-président », hier encore si populaire, avait attrapé une maladie contagieuse !

L'heureux dénouement de l'affaire Pechiney est évoqué par tous ces messieurs qui, depuis des mois, s'échinent sur ce dossier. L'information, tant attendue, n'a été confirmée que la veille. Chaleureusement, mais discrètement, ils se félicitent entre eux de la grande nouvelle. Aussi bien durant un aparté devant l'*open bar* que pendant le déjeuner qui a suivi. En évoquant, par bribes seulement, l'affaire du jour. Mais l'un d'eux prononce imprudemment le nom de l'action Triangle : « … qui va faire un malheur ! » Ils ont oublié, entre complices du même monde, que la réussite de cette affaire pouvait être saisie au vol, entre apéritif et pièce montée, par une oreille indiscrète. Cette oreille vagabonde allait provoquer un séisme politique et une affaire d'État.

Le lendemain matin, le lundi 14, un jeune homme se rend dans les bureaux de la Compagnie parisienne de placements (CPP), place de Breteuil, dans l'élégant VIIe arrondissement. Le dirigeant de la CPP n'est autre que Max Théret, le fondateur de la Fnac. Celui-ci est surpris par son visiteur, annoncé comme monsieur Pelat, car, s'il a côtoyé le père, il n'a jamais rencontré le fils, Patrice Pelat Junior. Le fringant Patrice ressemble étonnement à l'ami du Président, se dit Max Théret : même carrure, même démarche, même élocution.

Patrice Junior vient à la pêche aux renseignements. Il cherche des informations sur une action américaine prénommée Triangle et sur sa valeur. Une société, croit-il savoir, spécialisée dans les canettes de boissons. La visite surprise tombe à pic car Max Théret a la volonté de faire des affaires avec Pelat père, qui dispose déjà d'un petit compte dans sa société.

Les deux hommes ne sont pas intimes mais se connaissent de longue date. « Max avait une grande admiration pour le président Mitterrand et tout lui était bon pour se rapprocher de lui », se souvient Robert Reiplinger, le jeune associé de Max. Reiplinger a fait toute sa carrière dans la finance. Cet homme avenant, calme et précis, champion du monde de bridge, voue une réelle affection au patron de sa jeunesse. Il sourit encore de plaisir en se remémorant les bons mots et les excentricités du bouillonnant Max Théret.

Max est un personnage haut en couleur. Un homme colérique et généreux, honnête et malin, charismatique en diable et qui, à soixante-quinze ans, n'a peur de rien et n'a plus rien à prouver. Mais là, il flaire, en vieux renard des bons coups, une affaire fumante. Le jeune Pelat lui parle d'une action « qui va faire des bonds et d'une source sûre, absolument fiable »... Comme tout le monde, Max connaît les liens entre Mitterrand et Pelat et sait à quel point il est bien introduit dans les arcanes du pouvoir. Quand un bonhomme comme lui affirme que c'est du solide, c'est du solide !

Aujourd'hui, Robert Reiplinger accepte, pour la première fois, de révéler ce qui s'est exactement passé ce lundi 14 novembre, date-clé de l'affaire.

– Cette histoire m'a poursuivi des années et m'a fait beaucoup de tort, nous dit-il posément. J'ai un très grand respect pour Max et je tiens à rétablir la vérité. Donc ce matin-là, je suis à Bordeaux et je téléphone au bureau. Notre trader maison, Patrick Gruman, me raconte la visite du fils Pelat qui cherche à se renseigner sur une action Triangle. Max a demandé à Gruman, toute affaire cessante, de s'informer au plus vite pour identifier, puis acheter, le maximum d'actions de cette mystérieuse société Triangle. Gruman est très surpris, poursuit Reiplinger, car Théret ne prend jamais l'initiative des choix d'achat en Bourse. Il se repose entièrement sur moi ou sur lui.

» Dès mon retour, l'après-midi, nous cherchons, Gruman et moi, la trace de cette action inconnue. Et finalement, nous la détectons sur le marché américain. Le lendemain, Gruman contacte son correspondant à Londres pour passer son achat aux États-Unis. Max lui a demandé de rafler tout ce qu'il peut. Évidemment, nous informons les Pelat de nos recherches pour qu'ils puissent en acquérir à leur tour.

Gruman oublie que la conversation est enregistrée par la société de Bourse anglaise et que, un jour, tous leurs échanges téléphoniques pourront être connus de la Justice…

Le 15, le 16 et le 17 novembre, Max Théret et Robert Reiplinger achètent donc 32 300 titres, autour de 10 dollars pièce. Max fulmine car Gruman lui a fait perdre une journée : il aurait pu, s'emporte-t-il, passer ses ordres dès le lundi 14 novembre, s'il avait été plus rapide !

En effet, c'est le 15, à 14 h 20, que Gruman téléphone enfin à Mikael, son correspondant à Londres. La conversation est édifiante.

Gruman : Je voudrais acheter un titre à New York.

Mikael : Oui…

G : Je voudrais acheter du Triangle.

M : Triangle ?

G : Oui (*silence*).

M : Une seconde, je regarde sur mon écran, je ne connais pas ce titre. Il y en a plusieurs. Voilà, il y en a deux…

G : Moi, je ne sais pas mais il ne faut pas que tu te trompes, il ne faut pas que tu achètes l'un à la place de l'autre. Je veux acheter celui qui fait des… comment ça s'appelle… Oh ! merde, je ne sais plus le nom. Ah ! oui, des cans.

M : Des cans en métal ?

G : Celle qui fait des… comment ça s'appelle, des trucs pour le lait, pour le Coca, le machin, enfin…

M : Des tuyaux, quoi ?

G : Non pas des tuyaux, des trucs pour mettre le Coca-Cola, des boîtes.

M : Le leader des cans ?

G : Je ne sais pas lequel c'est, renseigne-toi à New York.

M : C'est ça, c'est le leader mondial de l'emballage, je me rappelle.

[…]

G : Achète tout de suite !

M : Oh ! qu'est-ce que tu veux comme quantité à peu près ?

G : Je ne sais pas, je ne sais pas, ce que tu veux. Il faut que tu appelles New York tout de suite, en urgence. Commence par acheter pour… 3 millions de francs.

Dix minutes après, Gruman vient aux nouvelles. Son correspondant s'est renseigné.

M : Oui, Triangle. Tu sais que la boîte a été rachetée par SGI, qui rechange son nom en Triangle. Un titre qui traite très peu, 2 000 titres hier. Tu sais que c'est contrôlé par May et Peltz, un trader qui a pris la boîte ?

G : Ouais.

M : Ça vaut de 8 à 9 dollars. C'est un ordre de client institutionnel ? C'est une fuite ? On peut l'acheter petit à petit, si c'est bien cela qu'il veut.

G : Oui, oui, c'est ça qu'il veut.

M : Tu n'as aucune espèce de limite ?

G : OK.

M : C'est bizarre de se mettre sur un truc comme cela, y a peut-être quelque chose de nouveau qui va arriver ? Il n'y a aucun doute ?

G : Non, non, achète, achète !

M : OK !

G : Sois discret.

M : Oui, oui, bien sûr.

Un peu plus tard, Les deux traders affinent leur stratégie.

M : Donc il faut y aller tout doucement. Il ne faut pas être pressé pour les ramasser. Il ne faut pas montrer aux gars que tu es prêt à payer n'importe quoi. C'est quand même étonnant !

Le lendemain, 16 novembre à 16 h 54, la conversation se poursuit entre Gruman et son contact.

M : OK, on en a fait 14 000 pour l'instant.

G : 14 000, c'est tout ?

M : Tu es sûr de ton gars à toi ?

G : Oui, oui.

M : Ouais, ouais…

G : J'ai l'argent.

M : Je débite quel compte ?

G : Sur Breteuil Opportunité.

M : On en a déjà fait 32 300.

G : Il t'en reste 27 700 à faire entre aujourd'hui et la semaine prochaine.

M : Oui.

G : On va essayer de se placer autour de 10 dollars 25. Il ne faut tout de même pas pousser comme un fou avec le marché dégueulasse qu'on a !

Lorsque, le 21 novembre, la vente de Triangle sera connue, le dialogue entre Mikael et un deuxième trader français, Ricardo Zavala, prendra toute sa saveur.

M : Il y a des mecs à Paris qui sont un peu fous, je trouve, d'aller s'acheter comme des fous des boîtes qui vont être reprises à New York comme ça. Un jour ou l'autre, la COB[1] va leur tomber dessus.

Ricardo : Oui, il va y avoir des histoires !

M : La COB va collaborer avec la SEC[2]. Parce que les mecs à Paris, ils croient vraiment qu'ils ne sont pas concernés ! À New York, il faut quand même faire attention. Un de ces jours la COB va faire plaisir à la SEC et ça va faire mal ! [...] Je parle des Français qui achètent des titres opérables par des sociétés françaises.

R : Ah ! oui. Je peux te dire qu'il y a à Paris des mecs qui ont bourré.

M : Oui, tout le monde le sait à Paris. Un jour ou l'autre cela va faire mal, ça va mal se terminer.

---

1. Commission des opérations de Bourse.

2. Securities and Exchange Commission : le gendarme de la Bourse américaine.

R : Oui, je peux te dire que tout le monde le savait. Tout le monde. Je ne citerai pas de noms mais je peux dire que ça a fait le tour de Paris. Moi, quand quelqu'un m'a dit : « Je vais te dire un secret », j'ai dit « Ah bon ? »... J'ai commencé à m'informer, tout le monde était au courant.

*

* *

De son côté, Patrice Pelat ne perd pas son temps non plus. Le 15 novembre au soir, il appelle son conseiller à la banque Hottinguer à Paris, Bernard Godbille, et lui demande d'acheter des actions Triangle pour lui, sa femme et ses deux enfants. Il ne lui donne aucun montant plafond et ne demande pas, non plus, de le tenir au courant du déroulé de l'opération. Pelat a confiance en Godbille.

Comme Gruman, le banquier tombe des nues. Il n'a jamais entendu parler de la valeur Triangle. Et il est doublement surpris car Pelat, qu'il connaît bien, n'achète jamais de valeurs étrangères. Comme Gruman, il cherche le mystérieux titre. Il le déniche enfin aussi. Godbille réussira à acquérir – avec difficulté, semble-t-il – 10 000 titres (il en désirait 25 000) pour un montant de 618 990 francs.

Par la suite, le banquier racontera à la Justice avoir fait part de cette demande surprenante à son patron, Jean-Philippe Hottinguer, en précisant qu'il pensait que Pelat « disposait d'une information privilégiée pour faire un tel achat ». Et, de son côté, le PDG de la banque relatera à la Justice que cet achat ne représentait, somme toute, « qu'une opération normale pour un client qui a une fortune aussi conséquente que Pelat ». Et Hottinguer d'ajouter : « D'ailleurs, cet achat ne représentait que 2 % de son portefeuille. » À vos calculettes ! Il s'agit donc d'un portefeuille d'actions évalué à 30 millions de francs de l'époque.

En même temps qu'il passe ses ordres d'achat pour sa famille, Pelat glisse le tuyau à son amie Isabelle, afin qu'elle profite aussi de l'aubaine.

Dans un premier temps, la tendre amie de l'ami de Mitterrand, cliente comme tout le monde d'une banque « normale » (la BNP), passe timidement un ordre de 220 titres Triangle à son banquier, qui n'en revient pas. Renseignement pris, il lui conseille d'en acheter plus ou pas du tout, « à cause des frais sur le marché américain », lui explique-t-il. Isabelle hésite encore deux jours, puis se jette à l'eau et récupère 650 titres qui vont lui rapporter 42 000 francs. De l'argent vite gagné, mais qui lui vaudra beaucoup d'ennuis car Isabelle sera également éclaboussée par le scandale.

Nos amis ne seront pas les seuls à acheter du Triangle à cette occasion. Six autres acheteurs seront identifiés plus tard. Un petit groupe d'agents de change parisiens, des finauds qui, ayant observé des achats qui s'envolent sur Triangle, ont flairé l'affaire juteuse. Enfin, une grosse filière à l'étranger sera détectée par la Justice.

Le 16 novembre, changement de décor et surtout de ton. Pelat se fait beaucoup, beaucoup plus discret. Le matin, il téléphone à l'organisme financier qui gère sa fortune à Zurich, Experta Treuhand, et joint son conseiller.

– J'ai tout de suite reconnu sa voix, dira ultérieurement Antoine Schaller à la Justice. Il m'a donné l'ordre d'acquérir le plus rapidement possible 20 000 actions Triangle. Comme c'est l'usage, les titres achetés par nos soins pour le compte du client n'ont pas été enregistrés sous son nom à lui, mais pour le compte de la société panaméenne Elco.

« Comme c'est l'usage » ? Belle pirouette oratoire… et financière !

Pendant deux jours, par l'intermédiaire de sa société confidentielle, Patrice Pelat passe donc une commande de 20 000 actions Triangle à la First Boston Bank de New York (par l'intermédiaire de First Boston Crédit Suisse de Zurich). Mais cette fois-ci – prudence oblige – il suit le déroulé de près. Il rappelle Schaller pour s'assurer que son ordre a bien été exécuté et connaître le montant de la transaction.

La société Elco est donc une de ces sociétés-écrans dont on parle souvent dans la presse mais qui paraissent, pour le commun des mortels, bien irréelles. Ladite Elco, basée (comme de bien entendu) à Panama City, a un objet social panoramique qui semble sorti tout droit d'un dictionnaire de synonymes : « Acquérir, acheter, souscrire, détenir, gérer, vendre, émettre, céder, transférer, garantir, hypothéquer, cautionner, nantir, financer, écouler ou négocier par tout autre moyen des titres, obligations, société, terrains, biens immobiliers, marchandises, matières premières. La société a une durée perpétuelle et peut être dissoute à tout moment. »

Pour les non-initiés, Elco est une contraction du nom de famille de son amie Isabelle, un tendre clin d'œil dans le monde sans pitié de la finance en quelque sorte, une appellation qu'ils ont tous deux peu de chances d'oublier.

Le samedi 19 novembre, c'est officiel. Le Premier ministre, Michel Rocard, annonce « une future grande nouvelle pour la France », sans en dévoiler le contenu. Il faut attendre le dimanche matin pour apprendre la signature de l'accord entre Pechiney et le groupe Triangle. Un accord annoncé juste avant l'ouverture des marchés américains. Les socialistes jubilent, ils prouvent à ceux qui en ont douté qu'ils sont capables de réussir des coups économiques d'envergure.

– Gruman nous téléphone, surexcité, raconte Robert Reiplinger : « Vous avez entendu la télé ? » Nous étions sidérés et ravis d'apprendre le rachat de la société américaine. Sur le coup, c'était une divine surprise. Je vous jure que nous ignorions tout de l'histoire des négociations entre Pechiney et Triangle. Et, à mon avis, quand le fils Pelat est venu nous voir, il l'ignorait aussi. Et nous avons débouché le champagne, Max et moi ! Pour une surprise, elle était de taille. Les actions, achetées entre 10 et 11 dollars, allaient se revendre entre 40 et 50 dollars… J'en avais même acheté en Suisse. Bref, c'était le coup du siècle !

De son côté Patrice tonne auprès de ses fils : « Si j'avais su que c'était si bon, j'en aurais acheté plus ! » Et pour cause. La semaine suivante, le prix des actions fait un saut faramineux. Leur revente permet aux Pelat d'empocher une plus-value de 2 200 000 francs, rien qu'en France. En Suisse, c'est carrément le jackpot : 755 225 dollars, soit 4 380 305 francs qui vont venir grossir la fortune familiale. Olivier Pelat nous confirme volontiers que son père achetait en France et en même temps en Suisse.

Cet argent est rapatrié des États-Unis avec des ruses de Sioux. Experta utilise un premier filtre, la société Irving Trust, qui va elle-même virer cette somme à une banque de Lugano, la Banca Della Svizzera Italiana, en Suisse italienne.

*

* *

Mais le bonheur sera de courte durée. Dès le 8 décembre, le gendarme de la Bourse américaine, la redoutable Securities and Exchange Commission (SEC), s'inquiète. Elle demande à son équivalent français, la Commission des opérations de Bourse (COB), d'identifier les acheteurs de Triangle sur notre territoire. Elle a en effet enregistré des opérations douteuses sur le cours du titre. Comment expliquer que le nombre d'actions achetées soit passé, sans raison, de 10 000 titres en moyenne à 228 770 titres entre le 14 et le 18 novembre 1988 ?

En fait, la SEC et la COB vont mettre au jour deux filières. La première provient de la société Socofinance, dont le protagoniste principal est un Libanais, installé en Suisse, Charbel Ghanem. Très curieusement, sa société achetait les titres au gré des transactions, comme si on l'informait au fur à mesure… Socofinance raflera finalement, en novembre 1988, 21 millions de francs ! Il se trouve qu'il ne faut pas chercher loin pour découvrir que le charmant Charbel est un proche du sémillant Samir Traboulsi, qui, faut-il le rappeler, est l'intermédiaire entre Pechiney et Triangle… Une coïncidence ? Ces achats réalisés à partir de la Suisse et du Luxembourg ont été effectués dès le mois d'août 1988 (donc trois mois avant les autres).

La SEC détecte également une deuxième filière d'achats effectués en France et en Suisse juste quelques jours avant la conclusion de l'accord. Il s'agit, bien sûr, de nos petits malins de la dernière heure. Poussée hardiment par les Américains, la COB se met en chasse et identifie le groupe d'initiés français qui se sont raccrochés aux wagons et ont acheté, imprudemment, juste avant l'annonce de l'acquisition.

Début janvier 1989, le scandale pointe : *L'Express* révèle que la COB enquête sur un possible délit d'initié dans l'affaire Pechiney et qu'elle entendra bientôt un proche du Président…

Branle-bas de combat chez les Pelat. Patrice se précipite chez Max. En urgence, ils tiennent au bureau une réunion stratégique.

– C'était la première fois que je rencontrais Patrice Pelat père, raconte Robert Reiplinger. C'était un personnage imposant, sympathique et direct. Il était effondré à l'idée de faire du tort au Président. Il venait de sortir de chez lui et Mitterrand lui aurait dit : « Cette affaire va faire des vagues ! La Justice va s'en saisir. Ils ne vont pas te lâcher ! » « À travers moi, se lamentait Pelat, c'est François qu'ils vont viser ! Cela va être terrible pour lui... il va m'en vouloir. Je suis victime de ma propre connerie ! »

Avec le recul et à la lumière de ces révélations, deux constatations s'imposent : Patrice Pelat est plus atteint pour son ami que pour lui-même. S'il pouvait rendre cet argent pour effacer l'opprobre, il le ferait aussitôt, c'est sûr. Mais surtout, on découvre que le délit d'initié, en soi, ne semble pas poser de problème moral au Président...

– Alors nous volons à son secours, poursuit Robert Reiplinger. Max lui dit : « Écoute, on va calmer le jeu. C'est bien simple, je suis un spécialiste des affaires boursières, je vais dire que c'est moi qui t'ai conseillé d'acheter ces actions. Je vais expliquer à la COB comment nous avons, Robert et moi, détecté la valeur de l'action Triangle. Nous allons monter un dossier sur la société américaine et démontrer qu'on avait des informations publiques permettant de prévoir l'évolution du cours. »

Reiplinger est d'accord avec ce plan.

– J'ai d'abord trouvé l'idée de Max très astucieuse. Bon, ensuite, dit-il avec un humour triste, plus le temps a passé et plus je l'ai trouvée carrément mauvaise...

Mais au début nous sommes, Max et moi, très confiants. Nous nous rendons à la COB et lui livrons nos petites explications.

Patrice Pelat, entendu à son tour, débite la même sornette : « J'ai donné cette instruction au vu d'un conseil que m'a donné Max Théret dans les jours précédant l'achat. Je ne me souviens plus si c'est de vive voix ou par téléphone. Il m'a seulement dit que ce titre "pourrait faire quelque chose", sans que le nom de Pechiney ait été cité. »

Et de rappeler en passant qu'il ne s'agit que de 0,5 à 1 % de son portefeuille… (Il faut dire que Pelat a tout intérêt à augmenter le montant de sa fortune pour minimiser la part de ses nouvelles acquisitions.)

Mais le scénario ficelé à la hâte ne tient pas longtemps la route.

– Nous avons commencé à nous inquiéter, raconte Reiplinger, le jour où Gruman, entré dans les bureaux du juge Jean-Pierre Michaud, à la COB, à 18 heures, n'en était toujours pas ressorti à 23 heures ! Nous ne savions pas que ses appels téléphoniques entre Paris et Londres avaient été enregistrés et qu'ils étaient accablants pour lui. Ils prouvaient qu'il n'avait pas la moindre idée de ce qu'il achetait. Du coup, il a craqué et tout avoué. Mais nous avons néanmoins continué, Max, Pelat et moi, à soutenir mordicus notre version. De plus, nous étions rassurés car la définition dans le code pénal français du délit d'initié le rendait très difficile à poursuivre. Il fallait en effet prouver que l'information litigieuse était « précise, significative et certaine ».

*
* *

C'est le 31 janvier 1989 que la COB repasse à la Justice française le dossier de ce qu'on appelle désormais l'affaire Pechiney. Un joli cadeau empoisonné de début d'année. Une course d'obstacles politico-judiciaire pour cette procédure hypersensible.

Première haie, le choix du juge d'instruction. Malgré les réticences de la COB, la juge Édith Boizette est saisie. Certains, au Palais, par pur machisme, doutent de l'efficacité de cette jeune femme. Mais d'autres, au contraire, qui la connaissent, estiment que cette blonde distinguée, travailleuse et inflexible, va réussir à démasquer les vrais coupables.

Après avoir été en poste à Lille, à Évry, en Guadeloupe puis à Avignon, Édith Boizette a été nommée premier juge à Paris et a hérité du cabinet d'instruction des grandes affaires financières, un fauteuil précédemment occupé par Michaud. Un poste prestigieux mais qui demande un doigté délicat. Elle sera puissamment épaulée par le nouveau responsable de la section financière du parquet, Jean-Claude Marin. Ce spécialiste des marchés boursiers vient d'être nommé par le nouveau procureur de Paris – choisi par la gauche –, Pierre Bézard. Ce dernier est à son affaire. Ce grand magistrat a dirigé la COB, il est même l'auteur d'un traité sur les infractions pénales financières.

Deuxième obstacle, l'ouverture de l'enquête judiciaire. Visiblement, les autorités se contenteraient d'une instruction assez restreinte qui éviterait d'aller trop fouiller dans les recoins… Ce n'est pas l'avis de Pierre Bézard, qui prône une information large, couvrant l'affaire du début jusqu'à la fin (d'août à fin novembre 1988, date officielle du rachat de Triangle par Pechiney).

Les anciens du parquet de Paris se souviennent encore des éclats de voix, au téléphone, entre le ministre de la Justice de l'époque, Pierre Arpaillange, et le procureur Bézard. Ce dernier refusant les « ordres » et lui rétorquant : « Écoutez, monsieur le Ministre, vous m'avez sorti de la Cour de cassation pour me nommer procureur à Paris. Si vous n'êtes pas content de moi, vous n'avez qu'à m'y renvoyer, j'y étais très bien ! Sinon, laissez-moi travailler ! » Sans doute par peur du scandale, le ministre a plié et l'information a été ouverte comme le souhaitait le procureur.

De toute façon, le monde judiciaire est déjà persuadé qu'elle n'aboutira jamais. Comme l'a rappelé Jean-Claude Marin, c'était la première fois qu'une affaire d'initiés d'une telle ampleur était poursuivie. Jusque-là, on estimait que ces « fuites », plus ou moins volontaires, faisaient partie des aléas du monde boursier, qu'il s'agissait de pratiques immorales, certes, mais inévitables. En outre, comme cette histoire sensible mettait en cause un proche du président de la République, il était évident qu'elle serait rapidement, très rapidement, enterrée. Eh bien, tout le monde se trompait !

L'enquête est confiée à la brigade financière de la PJ. Elle est dirigée par un commissaire d'expérience, Pierre Martinez. Ce spécialiste au physique d'acteur américain dans les séries policières, mince, le visage auréolé de cheveux blancs, est un grand spécialiste de la criminalité économique. Entré jeune policier à la brigade financière de Paris, il en a pris la direction en 1982. Une carrière sans accroc qui l'a conduit à traiter pendant deux décennies les dossiers les plus sensibles. Un soutien précieux pour la juge Boizette. Mais au moment où elle débute ses investigations, la magistrate ignore que des recherches souterraines ont déjà commencé. Dans un seul but celles-là : informer directement et personnellement le président de la République...

Cette deuxième enquête a été confiée, dès le début du mois de janvier, aux Renseignements généraux, dont le responsable, Jacques Fournet, est un fidèle de François Mitterrand. Cet ancien préfet de la Nièvre (département de Mitterrand), sûr et habile, n'a pas hésité par le passé à parler sans détour au Président. Et même à lui révéler des faits désagréables concernant ses proches ou son entourage. Si le porteur de mauvaises nouvelles est rarement apprécié, et encore moins récompensé, François Mitterrand, au contraire, a toujours voulu connaître la vérité vraie. À condition toutefois qu'elle demeure secrète et qu'il décide de ce qu'il veut en faire... D'ailleurs il lui est souvent arrivé, après avoir été dûment renseigné sur un dossier, de décider de l'enterrer et de passer l'éponge. Comme dans le cas de Charles Hernu, soupçonné d'avoir travaillé (avant d'être ministre de la Défense) pour les services de l'Est. « Cela ne m'étonne pas vraiment, a soupiré Mitterrand, mais Charles est mort, laissons ce dossier dans un tiroir… » Le scandale ne sera révélé que plusieurs années plus tard par *L'Express*. Autre temps, autres mœurs ?

Fournet va charger de l'enquête deux limiers de son groupe des affaires dites « réservées ». Le premier, Gilles Kaehlin, a une réputation sulfureuse mais c'est un excellent fouineur. Rentré très jeune aux Renseignements généraux, ce policier sera en 1980 à l'origine de l'arrestation des leaders du groupe terroriste Action directe au terme d'une complexe opération d'infiltration. Proche des milieux de gauche, il entre en 1981 à l'Élysée par la grande porte, nommé auprès de François de Grossouvre, le conseiller spécial du Président. Il participe à quelques négociations « délicates » : la reddition des anciens « ennemis » d'Action directe mais aussi la récupération par Grossouvre au journal *Minute* de photos volées de Mazarine… À la suite des guerres internes au « Château », il est muté à Saint-Martin, dans les Antilles, où le préfet lui demande d'expulser deux cents clandestins, ce qui va provoquer une émeute : le poste de police sera pris d'assaut et Kaehlin devra quitter l'île précipitamment. Il est finalement rapatrié aux RG à Paris et, pour calmer cet inspecteur atypique et sans limites, son directeur Jacques Fournet, qui l'estime et sait l'utiliser, lui confie un secteur jugé pépère : la surveillance de la Bourse. Il va y réussir au-delà des espérances puisque c'est lui qui dénichera, début 1989, les achats Triangle effectués en Suisse par Pelat !

*

* *

La rumeur de ces achats mirobolants au pays des Helvètes bruissait dans le petit monde des agents de change parisiens. Par le biais de l'un d'eux, Kaehlin a accès à l'organisme suisse équivalent de la COB qui enregistre toutes les transactions. C'est ainsi qu'il détecte et obtient la preuve des achats de Pelat. Celle-ci lui est confirmée par un professionnel très lancé dans le monde, Éric de Lavantera, qui connaît bien Traboulsi et Gruman.

Que fait alors Kaehlin ? Muni des documents prouvant ces transactions secrètes, il informe son patron. Et que fait son patron ? Prenant sa serviette sous le bras et son courage à deux mains, Jacques Fournet va, de ce pas, annoncer la mauvaise nouvelle à François Mitterrand.

Ce jour-là, le Président accuse le coup et remercie le patron des RG de l'information. Puis, dans un souffle, il murmure : « Je ne sais pas si je pourrai lui garder mon amitié… »

Réalité ou intox ? Les faits qui vont suivre le diront.

Les événements s'accélèrent. Le 19 janvier 1989, le deuxième agent des RG, mis sur le coup en même temps que Kaehlin, et à l'évidence trop bavard, dévoile la nouvelle au journal *Le Monde*.

La bombe est pour l'édition du lendemain. La veille de la parution, Pelat, accompagné cette fois de ses deux fils, déboule à nouveau dans les bureaux de Max Théret. Il est dans tous ses états.

– Il nous avoue qu'il a aussi acheté des titres en Suisse – ce qu'il ne nous avait jamais dit, se souvient Robert Reiplinger. Cette fois, je commence à m'inquiéter sérieusement. Autant Pelat pouvait justifier un achat « familial » fait en France, sans se cacher, autant je pense que l'acquisition d'actions en Suisse, dans un paradis fiscal, risquait de faire du bruit. Si je l'avais su, je ne l'aurais sans doute pas soutenu de la même façon… Mais Pelat nous rassure. Les banquiers suisses et ses propres avocats lui affirment que le secret bancaire helvétique ne sera jamais levé. La Justice française n'obtiendra jamais la preuve qu'il a acheté à Zurich. Il en est sûr et certain. D'ailleurs, la loi suisse ne reconnaît pas le délit d'initié, elle ne peut donc pas collaborer avec les magistrats parisiens.

Reiplinger poursuit :

– On ne savait pas à l'époque que, sous la pression des Américains, la Suisse venait justement de modifier sa législation !

Le 20 janvier 1989, *Le Monde* titre : « Un rapport sur les délits d'initiés a été remis à M. Mitterrand. M. Pelat aurait acquis 50 000 actions ».

Que va faire le Président ?

Après quarante-huit heures d'un silence pesant, l'Élysée réagit par un communiqué des plus laconiques : « Aucun rapport n'a été remis au président de la République. »

Ce qui est vrai et faux à la fois, car si l'information donnée par Jacques Fournet au Président en personne était on ne peut plus explicite, en revanche elle n'était pas officielle. On joue sur les mots, comme savent si bien le faire les politiques en général et Mitterrand en particulier.

À la suite du communiqué élyséen, qui le met directement en cause, le grand quotidien du soir, dans son édition du 23 janvier, se sent légitime pour prouver la véracité de ses révélations en dévoilant ses sources : l'information provient d'un inspecteur des RG !

L'argent suisse de l'ami du Président vire à l'affaire d'État. La presse monte au créneau. Les uns s'indignent qu'elle se déchaîne, les autres soutiennent au contraire qu'elle est parfaitement dans son rôle. Patrice Pelat, qui vivait tranquillement à l'ombre du grand homme, se retrouve sous les projecteurs. Sa vie personnelle et professionnelle est disséquée, ses rapports avec le Président sont détaillés, sa fortune est scrutée à la loupe.

Lui, dans ses rares rencontres avec des journalistes, se déclare indigné. Il jure qu'il n'a jamais acheté d'actions en Suisse et que cette histoire n'est qu'une cabale destinée à atteindre le président de la République.

– Je vous le dis de la façon la plus formelle, répond-il à Charles Villeneuve dans *Paris Match*, à l'exception des 10 000 actions de la firme américaine Triangle, achetées le 15 novembre dernier au vu et au su de tout le monde, ni moi-même ni mon entourage n'avons passé d'ordre par l'intermédiaire de je ne sais quelle société-écran au Lichtenstein ou en Suisse pour acquérir 40 000 titres complémentaires.

Et d'ajouter :

– On me fait un procès en sorcellerie.

Il est incontestablement plus sincère quand il précise :

– Si j'avais pu penser un seul instant que l'achat de ces 10 000 titres américains puisse déclencher un tel tohu-bohu... Qu'à travers moi, c'est le chef de l'État et ma famille qui seraient visés, je ne me serais pas laissé aller à passer le moindre ordre. Si vous saviez combien ces actions pèsent sur ma tête et sur mon cœur !

De son côté, François Mitterrand, en fin politique qu'il est, mesure tout de suite le danger. Sa première réaction ? Se couvrir.

Selon Jacques Attali, dans un Conseil des ministres glacial, le Président aborde le sujet :

« C'est le 16 novembre 1988 que le Premier ministre m'a parlé pour la première fois de la possibilité de rachat par Pechiney de la première firme américaine d'emballage, quelques minutes avant le Conseil des ministres. La veille, mon conseiller pour les affaires industrielles avait été saisi du dossier. Je n'ai pas caché au Premier ministre mes réticences. Mais il m'a démontré qu'il ne s'agissait pas d'une privatisation rampante. J'ai alors donné mon accord. Ce que je ne suis pas loin de regretter aujourd'hui. Le lendemain, le ministre des Finances a fait valoir l'intérêt que présentait, selon lui, l'opération. À deux reprises par une note et un mot manuscrit, le Premier ministre a insisté auprès de moi. J'ai alors décidé, le vendredi, de donner mon feu vert. Lorsqu'on écrira l'histoire de cette affaire, si on doit l'écrire un jour, les documents en feront foi. »

Silence autour de la table. « Tristesse », écrit Attali.

Outre le coup de pied de l'âne à Michel Rocard (une fois encore), l'intention du Président est de faire savoir clairement que le tuyau ne peut pas venir de lui puisque l'achat s'est effectué avant qu'il soit lui-même informé de la transaction… Et dans la foulée, il charge aussi – une fois n'est pas coutume – Pierre Bérégovoy !

Puis il distille ses petites phrases pour montrer qu'il n'est pas aveuglé par l'amitié. Par exemple, quand il rencontre Laurent Fabius et Pierre Joxe, il leur lance tout de go :

– Pelat me dit que cela n'est pas vrai mais mon intuition me dit que ça l'est, au moins partiellement.

Son intuition s'appelle Fournet.

À partir de ce moment, François Mitterrand prend ses distances avec l'ami encombrant. En tout cas, il fait tout pour faire passer ce message. Au lieu de téléphoner lui-même à son meilleur copain, il demande à Attali de le faire à sa place.

Jacques Attali nous raconte :

« Appelez-le, me dit-il, je ne peux pas dans ces circonstances prendre de ses nouvelles. Impossible pour moi de l'entretenir au téléphone. Dites-lui bien que je demeure près de lui mais que, pour me parler, il passera dorénavant par vous. »

Attali s'exécute sans grand enthousiasme.

– Pelat m'écoute en répétant : « Je comprends... oui, je comprends… », d'une voix cassée. J'ai l'impression qu'il vient de vieillir de dix ans. Et il conclut, des larmes dans la voix : « On se retrouvera… Oui, on se retrouvera. »

Combien de temps va durer la rupture entre eux et, d'ailleurs, a-t-elle jamais existé ? Et si ce coup de fil était seulement destiné à la galerie et à l'Histoire avec un grand H ?

*

* *

Quelques jours plus tard, François Mitterrand monte en puissance et décide d'affronter une opinion publique partagée. Selon un sondage IPSOS qui vient d'être publié, 52 % ont envie d'en savoir plus sur les affaires.

Le Président, dont les apparitions à la télévision se font rares, s'invite chez Anne Sinclair, qui officie sur la Une dans la grande émission politique de l'époque, « 7 sur 7 ».

L'entretien dure une heure cinquante, presque le double du temps habituel. Mais François Mitterrand tient à absoudre son ami et à se défendre surtout lui-même. L'interview est extrêmement bien menée par Anne Sinclair, courtoise mais pugnace, respectueuse mais avant tout professionnelle. Elle connaît parfaitement le dossier, et lui sait parfaitement ce qu'il veut dire et où il ne veut pas aller… Il faut dire qu'avant lui, jamais aucun chef d'État n'avait eu à se justifier de ses relations amicales devant la caméra. L'enjeu est de taille.

Après un long préliminaire, la journaliste aborde d'emblée les questions qui fâchent.

Anne Sinclair : Votre ami le plus cher se serait enrichi à la faveur d'opérations dont la Justice seule dira si elles étaient ou non licites. Tout cela vous aurait atteint, touché, éclaboussé, bref, ces affaires auraient terni votre image, même si les Français, consultés par sondage, ne paraissent apparemment pas trop émus. Vous êtes à « 7 sur 7 » pour parler de tous les sujets, monsieur le Président, à commencer par celui-là, mais à lire les journaux, il paraît que vous êtes en colère. Si c'est vrai, est-ce contre vos amis, vos ennemis ou vous-même ?

François Mitterrand : Mais je ne suis pas en colère du tout. On me prête, je le dis souvent, un caractère que je ne me reconnais pas. Je me mets très rarement en colère. Il faut qu'on le sache. Donc c'est une interprétation que je ne retiens pas, compte tenu que cette question recouvre des éléments sérieux sur lesquels je vais répondre. [...]

AS : On va commencer, donc, par ces affaires et par ce qui vous a touché de près dans l'affaire Pechiney, qui n'aurait pas eu beaucoup de raisons de vous concerner si le nom de votre ami Patrice Pelat n'avait été prononcé dans les journaux et n'était ensuite présent dans le rapport de la COB, même si la COB ne se prononce pas sur son degré d'implication dans l'affaire. Alors, qu'est-ce que vous avez pensé, monsieur le Président, en découvrant le nom de votre ami à la une des journaux ? Est-ce que vous vous êtes senti furieux, trahi, chagriné ?

FM : Chagriné. Trahi, pourquoi ? Furieux ? Peiné, chagriné. J'ai souvent entendu dire : « Des proches de l'Élysée ont été compromis dans cette affaire Pechiney. » À vrai dire, je ne connais véritablement qu'un seul de ceux dont le nom a été offert en pâture à l'opinion publique et qui s'y sont exposés, qui est en fait Patrice Pelat ; c'est un de mes amis…

J'ai lu, un jour, dans un journal, une appréciation sévère à mon propos. On disait : « Tout de même, on devrait attendre du président de la République qu'il sélectionne un peu mieux ses fréquentations »… Mais je vais vous dire, Anne Sinclair, ce qui m'a permis de sélectionner un homme comme Patrice Pelat. C'était en 1940, voyez, il y a un bout de temps, dans les camps, un très sale hiver, très dur, dans l'Allemagne qui est aujourd'hui l'Allemagne de l'Est, c'est-à-dire assez au nord. La sélection, elle se fait curieusement dans ces situations-là. J'ai vécu pendant trois mois avec de l'étoffe, des chiffons autour des pieds, faute de chaussures, attachés par des ficelles. On restait des heures et des heures exposés à la neige, au vent. On souffrait de la faim. Ce n'était pas une situation comparable en horreur à ce qu'ont connu les déportés, mais c'était dur, et on pouvait distinguer, sélectionner : il y a des gens qui restaient courageux et qui restaient solidaires, sur lesquels on pouvait compter, et nous étions un petit groupe qui est resté très uni. Il n'a été séparé que par la mort, depuis ce temps. Il en reste heureusement qui se voient toujours, et parmi eux, Patrice Pelat. Rares sont les prisonniers de guerre, dans de telles circonstances de misère et de solitude, qui ont montré autant de force d'âme, de caractère et de camaraderie. Donc, j'ai sélectionné mes fréquentations dans un kommando de prisonniers de guerre, là-bas, en Thuringe, et j'ai choisi le courage et l'amitié.

AS : On peut être courageux, il y a quarante ans, l'être toujours d'ailleurs, ce qui n'empêche... ce n'est pas ce courage qui est en cause aujourd'hui.

FM : Vous allez un peu vite. Vous me demandez comment je l'ai connu, je l'ai connu là. Nous nous sommes évadés, pas ensemble, mais chacun de son côté. Nous avons réussi et nous nous sommes retrouvés dans la France occupée et nous avons pris part au même mouvement de Résistance. Rares sont ceux que j'ai connus, pendant la guerre et dans ces circonstances, qui aient montré autant d'énergie, d'esprit de décision, de présence et de force que Patrice Pelat. Voilà comment s'est fondée ma fréquentation.

Il était pauvre, Patrice Pelat ; il était ouvrier chez Renault, commis boucher ; il n'a pas fait d'études ; et je me suis souvent abrité chez sa mère qui était ouvrière à la chaîne dans une blanchisserie à Billancourt, une femme admirable. Elle vit toujours, à quatre-vingt-dix ans, dans sa Bretagne. C'était aussi une femme d'une rigueur en face de l'ennemi et d'un patriotisme qui font que j'ai aimé cette famille, que j'ai aimé ces gens qui partageaient ma vie. Il était très pauvre, très, très pauvre, et puis il est devenu riche, non pas comme homme d'affaires, mais comme industriel. C'est un homme qui a quand même des qualités tout à fait remarquables… Il est devenu riche. Fallait-il que je me brouille avec lui parce que, de pauvre, il était devenu riche ? Non. Au cours de ces longues années, jamais aucun événement ne s'est produit qui m'aurait permis de douter. Il n'y a pas eu de problème ; ses industries ont prospéré, et à aucun moment il n'y a eu de difficulté avec qui que ce soit, du moins à ma connaissance.

Pourquoi aurais-je rompu cette relation fondée dans la peine et dans le malheur ? Voilà la question. Eh bien, oui, il est resté mon ami, c'est un de mes amis, et voilà que, soudain, à la retraite, s'occupant d'autre chose, c'est-à-dire ayant vendu ses entreprises et s'étant établi dans une propriété qu'il exploite, j'aperçois qu'il continue de gérer son argent en jouant à la Bourse. […]

AS : Alors, monsieur le Président, si vous permettez, un certain nombre de questions très précises suite à votre relation – et à la fois votre amitié – avec Patrice Pelat […] Est-ce que vous avez des lumières personnelles que nous n'avons pas, ou est-ce que vous savez, vous...

FM : Sur quoi ?

François Mitterrand a dit ce qu'il avait à dire. Sa plaidoirie sur l'ami du stalag est terminée. Il commence à se raidir. Il prend mal l'insistance d'Anne Sinclair, d'autant qu'elle ne lâche rien.

AS : Sur le rôle de Patrice Pelat. Est-ce que vous lui avez posé des questions ? Est-ce qu'il vous a répondu ? Est-ce que vous avez, vous, des certitudes que nous ne savons pas ?

FM : Eh bien, si j'en avais, la Justice les connaîtrait. Je n'aurais pas attendu de vous rencontrer ce soir…

Anne Sinclair insiste encore, ce qui engendre ce curieux dialogue :

AS : Si le problème s'est posé pour Patrice Pelat, ce n'est pas parce qu'il jouait en Bourse, pas parce qu'il avait des actions, pas parce qu'il faisait fructifier sa fortune, c'est parce qu'il était proche du pouvoir et qu'il avait...

FM : Non, non...

AS : Enfin, proche de vous...

FM : Non !...

AS : Sinon, son nom n'aurait pas été prononcé...

Le Président attaque :

FM : Qu'est-ce que vous voulez dire ? Que je l'ai informé ?

AS : Non ! Pensez-vous ! Personne ne l'a dit...

FM : Pourquoi le laissez-vous entendre maintenant ?

D'un coup, les millions de téléspectateurs qui suivent l'émission retiennent leur souffle. Le Président devient cassant. Il paraît s'emporter, son ton est sec et ses mots claquent. Mais, en réalité, c'est du grand art.

D'abord, il intimide la journaliste pour reprendre la main. Puis, très habilement, il désamorce une question fondamentale qui ne lui a pas été posée… pour y revenir de lui-même. Quand il veut, comme il veut !

Anne Sinclair, un instant fragilisée, est obligée de se justifier, ce qui est un comble.

AS : Je ne le laisse pas entendre...

FM : Je l'aurais difficilement pu… car je ne le savais pas moi-même... Mais enfin, c'est un aparté dont nous n'aurons pas à discuter ce soir.

AS : La question est de savoir s'il a bénéficié d'informations...

FM : C'est bien possible, je n'en sais rien.

Fin de la passe d'armes. La tempête s'est apaisée… mais la journaliste poursuit vaillamment.

AS : Alors, question parfaitement indiscrète – vous me pardonnerez, mais comme vos amitiés sont publiques et publiquement commentées : Est-ce que vous le voyez toujours, et est-ce que vous êtes toujours l'ami de Patrice Pelat ?

FM : S'il est révélé que Patrice Pelat s'est contenté de jouer en Bourse, comme le font des millions de Français, je n'aurai pas à lui en vouloir ou à regretter son action. S'il se révèle avoir commis une faute, dans le cadre de mes fonctions j'estimerai que je ne peux pas préserver la même qualité d'amitié que celle que j'ai connue pendant si longtemps.

Une réponse terrible, sans doute longuement mûrie et pesée au trébuchet, qui paraît une concession à l'opinion publique. Mais François sait aussi que Patrice est devant son écran, qu'il est fragile du cœur et que ce scandale le désespère. Mitterrand va-t-il réellement accepter de lâcher l'ami de toujours pour donner des gages de moralité ? L'important n'est-il pas d'en donner simplement l'illusion ?

En réalité, il n'y a aucun doute que François Mitterrand et Patrice Pelat n'ont jamais cessé de se voir, de se parler, de se faire confiance. Pendant cette période comme pendant toute leur vie. D'après Olivier Pelat, le Président l'a appelé dès l'émission terminée et lui a demandé : « Alors, comment tu m'as trouvé ? »

Le lendemain, les deux amis se rencontrent secrètement chez un proche dans le XIVe arrondissement et Mitterrand, amusé, lui lance : « Tu vois, Pat, c'est comme pendant la Résistance, on est obligés de se cacher pour se voir ! »

*

* *

Deux jours après l'émission, Jacques Attali longe les quais avec François Mitterrand après le déjeuner.

« Le Président est d'humeur sombre, écrit le conseiller dans *Verbatim*, il m'emmène visiter quelques librairies et soliloque sur les affaires : "C'est sans fin. Ces gens-là qu'on accuse n'ont pas de mandats électifs, pas de fonction publique. Ils ne sont pas mes collaborateurs. On ne peut pas les sanctionner, ni les renvoyer. On me dit qu'il faut faire quelque chose… je ne vais tout de même pas publier un communiqué disant : Machin n'est plus mon ami, je ne déjeunerai plus avec lui, Bidule, je ne me promènerai plus avec Truc" [...] Je le sens blessé par ce qu'il estime être une trahison de sa confiance et de son amitié. Je ne sais quoi lui dire. »

D'abord Machin, Truc et Bidule, c'est la même personne : son ami Pat. Ensuite, à la réflexion, il est difficile de distinguer ce qui accable vraiment François Mitterrand. Est-ce le comportement délictueux qu'il est censé découvrir – et qu'il vivrait comme une trahison de l'amitié – ou plutôt rage-t-il contre Machin, Truc et Bidule de s'être fait pincer et de l'avoir mis dans cette position intenable ? Attali, qui reste coi durant ce monologue, a dû songer à la définition de la morale mitterrandienne qu'il a définie ainsi dans la préface de *Verbatim* : « Pour le Président, c'est surtout "pas vu, pas pris…" » Une réflexion qui n'avait pas tellement plu à François Mitterrand. En la découvrant, il avait lâché à son conseiller d'un ton aigre-doux : « Ah, vous me voyez comme ça ? »

On a l'impression qu'il existe une morale pour le commun des mortels, avec des règles, des lois, des interdits, mais qu'elle ne s'applique pas forcement ni au Président socialiste, ni à sa famille, ni à son clan.

Le 16 février 1989, le couperet tombe. Patrice Pelat est inculpé par le juge Boizette pour recel de délit d'initié. Le parquet est affolé car la rumeur s'est répandue que la magistrate bon chic bon genre pourrait le placer en détention.

En réalité, la convocation se passe courtoisement. *Le Figaro* note même que Pelat semble séduit par la juge. Il se montre très homme du monde, pas la moindre trace de condescendance ou de menace dans son propos. De toute façon, il ne s'agit que d'une audition de première comparution, ce qui signifie que le fond de l'affaire n'est pas abordé. La juge le place sous contrôle judiciaire (il n'a pas le droit de franchir une frontière) et lui réclame une caution de 4,4 millions de francs, le double des bénéfices qu'il a réalisés pour ses achats Triangle en France. Il continue à nier farouchement toute acquisition à l'étranger. Avant de partir, il lance aux journalistes, en guise de boutade, cette phrase des plus culottées : « La dernière fois que j'ai été inculpé, c'était par la Gestapo en 1940 ! »

En sortant, il croise dans les couloirs du palais Robert Reiplinger, convoqué à son tour. Il lui dit : « Elle n'est pas très rigolote, la mère Boizette ! Cette histoire me coûte cher ! » Mais Pelat et Reiplinger ne sont pas les seuls à avoir des ennuis. Une cascade d'inculpations tombent : celles de Max Théret et de Samir Traboulsi, entre autres.

Trois jours plus tard, Boublil donne sa démission du ministère des Finances afin de riposter aux accusations. Comme on dit dans ces circonstances, il demande à reprendre sa liberté. Il semble partir avec le soutien officiel et bienveillant de Bérégovoy. La réponse de celui-ci à la lettre de démission de son collaborateur demeure néanmoins prudente : [...] « Je comprends bien que vous avez jugé indispensable de reprendre vote liberté d'expression publique, alors que vous êtes victime d'une campagne de rumeurs dirigée contre vous, personnellement [...] » La nuance « personnelle » n'a pas échappé à Boublil, qui se sent soudain lâché, comme il l'écrira dans son livre : « Le ministre annonce lui-même ce départ, le soir, au journal de TF1, avec une "certaine ambiguïté". »

– 12 –

MORT DE PATRICE PELAT

Alors que l'opinion imagine un homme effondré, abandonné par son ami de plus de quarante ans, en réalité, il n'en est rien. Mitterrand n'a jamais coupé le lien. Un rideau de fumée pour masquer la fidélité. Il s'est peut-être fâché pendant un instant, mais ce qui existe entre ces deux-là ne se déchire pas si facilement.

Quatre jours après l'interview du Président, Christine Clerc, journaliste et grande amie de la famille Pelat, raconte dans *Le Figaro* son dîner chez eux, dans leur superbe appartement vert jade, meublé en Louis XV, avenue Raphaël, dans le XVIe arrondissement de Paris.

Pelat lui parle de sa vie infernale, des trente-sept journalistes collés contre sa grille, de sa vieille mère de quatre-vingt-douze ans traquée en Bretagne. Les deux fils Pelat rentrent dans la conversation.

– Mais enfin, papa, ça suffit ! Il faut te défendre ! Tu ne vas pas laisser salir notre nom comme cela ! Fais des procès en diffamation !

Patrice père, que Christine Clerc avait connu si bavard, reste silencieux.

– Changez de nom si vous voulez ! dit-il enfin brusquement à ses fils. Moi je ne ferai rien.

– Quoi ? Même contre ceux qui ont raconté ce bobard des 40 000 actions achetées en Suisse ?

– Non, rien qui puisse gêner François, tranche Pelat.

On ne peut qu'être surpris par la réaction des fils qui, rappelons-le, accompagnaient leur père chez Max Théret pour lui avouer l'achat en Suisse. Peut-être s'agit-il d'alimenter l'indignation de leur copine journaliste, ou alors on nage en pleine autopersuasion !

Lors de ce dîner, Christine Clerc apprend que le matin même, « François a appelé Patrice pour prendre des nouvelles de sa santé ». Il a eu une nouvelle alerte, le contrecoup évident de l'émotion. À table, sa femme lui lance :

– Heureusement que le médecin t'a recommandé d'éviter le stress !

Ragaillardi, content d'avoir retrouvé l'amitié intacte, il a répliqué, bravache :

– En tout cas, je dors très bien, rien ne pourra m'empêcher de dormir ! D'ailleurs, je ne lis même plus les journaux !

Des années plus tard, Olivier Pelat nous confirmera que, pendant l'affaire, François Mitterrand est toujours venu chez eux, comme à l'accoutumée. Notre question à ce sujet l'a surpris et même choqué. Comme si on pouvait en douter !

– À un moment, il y avait tellement de journalistes agglutinés devant chez mes parents que papa est venu se réfugier chez moi à Montmartre, nous dit-il. Je me souviens parfaitement de la visite de François Mitterrand, qui en a profité pour sonner avec papa chez mon voisin, Gérard Oury, et admirer une fois encore sa collection exceptionnelle de tableaux de Raoul Dufy.

Mais, le 27 février, le cœur flanche une seconde fois. Plus gravement que la précédente. Pelat est hospitalisé en urgence à l'hôpital américain de Neuilly. Le Président se rend secrètement à plusieurs reprises à son chevet.

Quatre jours plus tard, Pelat a l'air d'aller mieux. Christine Clerc l'a au téléphone : « J'étais fatigué, fatigué… Cette fois, j'ai vraiment cru que j'allais y rester. » Mais il semble reprendre le dessus. Le professeur de Vernejoul, qui le suit, paraît optimiste. Jean-Christophe Mitterrand lui rend visite, une bouteille d'armagnac à la main. Il le trouve en forme mais miné par l'affaire. Pelat lui répète en boucle : « J'apporte des ennuis à ton père, je trouve cela inimaginable ! » « En fait, il se voyait comme son protecteur », se souvient Jean-Christophe, ému. Avant que le fils Mitterrand ne le quitte, Pelat lâche ces jolis mots : « J'ai le cœur qui est entouré d'une membrane qu'il faut peler comme une orange… »

Le lendemain, il était mort.

Le 7 mars 1989, Patrice Pelat a en effet succombé à une attaque foudroyante.

Michel Charasse confiera à Pierre Favier et Michel Martin-Roland :

« Ses amis venaient le voir dans sa chambre à l'hôpital américain. Quand je suis arrivé vers 17 heures, il était avec Pierre de Bénouville, qu'il avait connu dans la Résistance, avec Mitterrand. Bénouville s'en va. Je passe trois quarts d'heure avec Patrice. Il disait aller mieux et s'apprêtait à rentrer bientôt chez lui. Jean-Luc Lagardère se pointe. Je dis à notre malade : "Je peux te laisser, tu vois bien que tu n'es pas seul. Je dois retourner rue de Rivoli." Quand j'entre dans mon bureau, le téléphone sonne. C'est Béatrice Marre (chef de cabinet de Mitterrand) : "Pelat est mort." Il venait de raccompagner sa femme jusqu'à l'ascenseur et il s'est effondré dans le couloir. Mitterrand téléphonait régulièrement pour prendre de ses nouvelles. »

Olivier Pelat confirme que le Président ne faisait pas que prendre de ses nouvelles. Il était venu le voir à l'hôpital.

*

* *

Selon Jacques Attali, le Président est dévasté, mais il n'en laisse presque rien paraître. Le conseiller l'entend néanmoins murmurer :

– C'est la presse qui l'a tué. Ils ont réussi ce que ni les Allemands, ni la maladie n'avaient pu faire. C'était mon dernier ami. Je continue à penser qu'il n'a rien fait de mal.

Il est bien compréhensible que la perte de son seul véritable confident soit un coup terrible pour François Mitterrand. La mort d'un ami est toujours dramatique.

Mais cet épisode tragique révèle la pensée intime du Président : ses amis ou ses proches sont irréprochables, forcément irréprochables. Ils ne peuvent avoir commis d'erreurs ou de fautes. Ce sont les autres, la presse, les juges, les circonstances, les adversaires politiques qui sont responsables, toujours responsables. Et lui, naturellement, n'y est pour rien. Jamais ! François Mitterrand n'est pas du genre à aller à Canossa. La repentance ou la reconnaissance des fautes ne font pas partie de son répertoire. Une propension partagée par bon nombre de politiques… Mais pour cet homme hors norme, désirant avant tout se tailler un destin devant l'Histoire, cette posture devient pathétique.

En réaction aux différentes « affaires » et aux décès qui émaillent ses deux septennats, il se comporte toujours de la même façon, avec le même déni méprisant.

Le 11 mars 1989, le puissant hélicoptère frappé aux insignes de la République française se pose dans le parc de la superbe propriété de Patrice Pelat en Sologne. Ce sera la dernière visite de François à Pat. Le chef de l'État arrive d'un voyage officiel à Alger. Sitôt l'appareil posé, des voitures noires officielles escortent à toute allure le chef de l'État à la petite église de La Ferté-Saint-Aubin où se déroulent, selon les vœux de Pelat, des obsèques « privées et familiales ». Le Président, accompagné de Roland Dumas, rejoint Pierre Bérégovoy, Michel Charasse, Jean-Pierre Bianco et Alain Boublil, déjà présents. Après la messe, dans une église bondée, François Mitterrand accompagne madame Pelat et ses fils dans le fourgon funéraire qui les conduit au cimetière.

Derrière le Président, Pierre Bérégovoy marque sa peine. Lui aussi aimait cet homme, issu comme lui d'un milieu populaire et qui avait réussi comme lui, même si c'était dans un autre univers. Il sait aussi combien ses attentions l'ont aidé personnellement. Il est loin d'imaginer que ces générosités causeront en partie sa perte et que quatre ans plus tard le Président se recueillera devant sa propre tombe.

François Mitterrand, lui, est figé dans le chagrin. Il vient de perdre son copain du stalag IXC, le seul à pouvoir le faire rire comme un gamin, le seul qui lui rappelait sa jeunesse. La jeunesse...

« Après les obsèques, confiera Michel Charasse aux journalistes de l'AFP, le Président m'a entraîné à l'écart et, derrière une haie de troènes, s'est mis à pleurer et m'a murmuré : "Il faudra le venger." »

Puis le chef de l'État s'engouffre dans son hélicoptère, il est attendu à La Haye en fin de journée pour participer à une conférence sur l'environnement. Dans son métier, il faut suivre l'agenda prévu sans broncher. La vie présidentielle continue donc et pourtant, ce jour-là, François Mitterrand vient d'abandonner, dans cette petite église de l'Essonne, la partie la plus joyeuse de lui-même.

Son combat pour défendre la mémoire de son ami ne fait cependant que commencer. Bientôt, un autre scandale va réveiller son fantôme et projeter, à nouveau, le nom de Patrice Pelat en pleine lumière. Et cette affaire, que personne ne voit venir, va s'annoncer par des chemins détournés. Mais nous n'en sommes pas encore là.

– 13 –

DES TRICHEURS FRINGANTS

La juge Boizette poursuit son travail. Tranquillement, sereinement, insensible aux chausse-trappes qui la menacent. Elle tient à identifier tous les acheteurs dans ce dossier et à établir les responsabilités de chacun. Pas facile car tous minimisent leur participation, ce qui est de bonne guerre. À la surprise générale, la jeune magistrate, qui ne fait pas d'esbroufe, va parvenir à ses fins.

Ce sera la seule – et unique – fois en France, comme l'a rappelé Jean-Claude Marin, que des personnes jugées pour un délit d'initié finiront en prison. Mais, pour en arriver là, il va falloir déplacer des montagnes et, pour être plus précis, celles qui séparent la France de la Suisse…

L'instruction va durer quatre ans. Quatre années où la juge ne va pas chômer : une douzaine de voyages à l'étranger, New York, Londres, le Luxembourg et, évidemment, la Suisse, le paradis fiscal préféré des Français. Elle rédige des centaines de pages de commissions rogatoires internationales (CRI). Avec souvent de grosses surprises à la clé.

L'une de ces commissions rogatoires revient du Luxembourg avec cette annotation surprenante : selon son directeur, la charge d'agent de change Petrusse Securities refuse de communiquer le nom de son client, car le ministre des Finances du Duché la menace de lui retirer sa licence si elle divulgue son identité. L'Europe judiciaire n'est pas encore en marche !

Édith Boizette entreprend, avec le procureur Pierre Bézard, Jean-Claude Marin et le commissaire Pierre Martinez, une tournée à Genève, Zurich et Berne pour faire activer la coopération qui risque autrement de s'éterniser.

Contrairement aux idées reçues, les Suisses se montrent parfaitement coopératifs, d'autant plus que leur législation vient d'être modifiée pour accorder plus de transparence. Sous la pression des États-Unis, la répression des délits d'initiés a fait son entrée dans le code pénal helvétique. Le juge Peter Cosandey, l'homologue d'Édith Boizette, qui a hérité du dossier à Zurich, nous explique comment la procédure s'est déroulée :

– J'ai tout de suite accordé l'entraide judiciaire à la France et ordonné aux établissements financiers de produire les documents relevant l'identité des clients qui avaient acheté ici des actions Triangle. Désormais les banques doivent fournir de nombreuses pièces : le mandat de gestion du client, la copie de son passeport, et les détails de toutes les transactions du compte – achats et ventes de titres, virements, retraits en espèces, etc.

Une petite révolution ! Peter Cosandey poursuit :

– Les banques ont utilisé évidemment tous les recours pour gagner du temps. D'abord devant le tribunal de Zurich, puis devant le tribunal fédéral de Lausanne. Le jugement va les débouter et les banquiers seront dans l'obligation de témoigner devant moi, en présence de la juge française.

Pourtant le procureur de Zurich va garder plusieurs mois de plus le dossier sous le coude. Surcroît de travail, désir de ne pas mécontenter les autorités françaises ? Allez savoir !

En tout cas, le 2 octobre 1991, Édith Boizette va enfin entendre le vice-directeur d'Experta Treuhand. La mort dans l'âme, Antoine Schaller doit dévoiler l'identité du propriétaire du compte et dire comment Pelat a passé ses ordres en Suisse. Une belle victoire pour la magistrate.

Quelques mois plus tard, pour récupérer la dernière commission rogatoire des Suisses et boucler sa procédure, la juge Boizette prend les devants. Sans attendre le retour officiel, elle demande à se rendre à nouveau à Zurich pour obtenir le fameux document. Ainsi évite-t-elle le « circuit long » qui passe par les ministères de la Justice et des Affaires étrangères. Il lui aurait fait perdre encore une année. Devant son opiniâtreté, la Chancellerie, sans doute à reculons, donne le feu vert.

Entre ses déplacements, la juge poursuit parallèlement ses investigations en France. Au passage, elle fait une curieuse découverte.

Pour balayer plus large, Édith Boizette a demandé aux policiers de relever les dépenses faites par Pelat trois mois avant et après les achats d'actions Triangle. Elle ramasse ainsi dans ses filets un chèque de 150 000 francs fait par Patrice Pelat à François Mitterrand le 6 septembre 1986. Ce chèque, que nous avons déjà évoqué, a été directement encaissé par le Président (il porte son paraphe au dos) sur son compte personnel au Crédit Lyonnais. Cette somme ayant été touchée avant la vente des actions, elle ne concerne ni l'affaire Pechiney ni la Justice. Mais sa révélation par *Le Point* suscite une certaine émotion. Elle écorne en effet la légende, soigneusement entretenue par les proches du Président, selon laquelle jamais, au grand jamais, François Mitterrand ne parlait d'argent avec son grand copain. Du coup, l'Élysée se trouve obligé de livrer à la Justice, de façon officieuse, une explication alambiquée. Selon le Palais présidentiel, François Mitterrand aurait profité de ses nombreux voyages à l'étranger pour acquérir des livres rares et anciens que Patrice Pelat lui aurait rachetés... Peu importe que l'explication paraisse carrément saugrenue, la bibliophilie n'étant pas le passe-temps favori de Pelat. Mais il fallait bien trouver quelque chose de presque plausible. On attribue cette trouvaille à l'indispensable Michel Charasse, qui veille comme une mère poule sur les intérêts publics et privés du Président. Et utilise pour cela les moyens les plus variés... La famille Pelat, on le verra, ressortira le couplet des livres rares lors de l'affaire Bérégovoy.

Alors, à quoi correspondait ce chèque ? Le gestionnaire du compte de Pelat à la banque Hottinguer livrait une autre version : « J'ai entendu parler d'un chèque émis par monsieur Pelat à l'ordre de François

Mitterrand pour un montant, me semble-t-il, de plusieurs centaines de milliers de francs pour, me semble-t-il également, la campagne de 1988. » Une curieuse explication, car les élections législatives se sont déroulées en juin. Elles se sont soldées par un échec cuisant de la gauche et le début de la première cohabitation. On imagine mal le Président rembourser en septembre les frais de la campagne ! En revanche, on le sait, il avait à l'époque beaucoup de temps libre. Alors, financement politique, aide personnelle à François ? Le secret restera entre les deux hommes.

*

* *

Une démarche a beaucoup choqué la juge Boizette : le lendemain du décès de Patrice Pelat, ses avocats sont venus immédiatement au nom de la famille récupérer le chèque de 4,4 millions de caution déposé par le défunt.

Avec Max Théret, les choses se compliquent. Il refuse catégoriquement de verser les 8 853 919,32 francs ! Il enrage. Il explique d'abord qu'il est insolvable. La juge va saisir son dossier fiscal et découvre en passant qu'il a bénéficié d'une intervention du ministère du Budget. Elle constate qu'il n'a aucun problème de trésorerie et le menace de la prison. Il rétorque qu'il est en mauvaise santé. Elle lui fait subir un examen médical. Le médecin estime que, malgré ses soixante-seize ans, il est suffisamment en forme pour supporter la détention… Max se braque. Selon un proche, sa femme lui aurait alors dit : « Enfin, Max, arrête, tu sais bien que ce n'est même pas ton argent ! »

La somme aurait en fait été avancée par des proches de l'Élysée, ce qui, soit dit en passant, est proprement incroyable ! Finalement, le vieux combattant de la guerre d'Espagne rend les armes, tout en maugréant.

Le 23 janvier 1991, la juge Boizette inculpe Samir Traboulsi, dans le cadre de la filière libanaise. Si ce n'est pas la filière qui a retenu l'attention de la presse, c'est néanmoins celle qui a rapporté le plus gros. Traboulsi s'indigne à son tour et se défend : « Ma commission officielle d'intermédiaire dépassait ce qu'ont reçu les fraudeurs : quel était donc mon intérêt de prendre ce risque ? De surcroît, si j'avais été dans cette magouille, je n'aurais jamais choisi une société où j'avais un compte ! » Avec un culot impérial, Samir Traboulsi n'hésite pas à proposer à la juge son avion privé pour faciliter ses déplacements. La juge en rit encore !

La magistrate doit aussi entendre la veuve et les enfants de Patrice Pelat. Une audition délicate mais nécessaire. Jacqueline Pelat refuse catégoriquement de se rendre au Palais de justice. La juge pourrait certes la faire venir de force, encadrée de deux gendarmes, mais c'est évidemment impensable. Elle accepte donc d'aller l'interroger à son domicile, accompagnée de sa greffière. Une démarche rarissime. L'entretien commence mal. Madame Pelat tient son chapelet à la main, qu'elle défile en permanence. Et ses premiers mots sont tranchants :

– Si mon époux ne s'était pas assis dans votre bureau, il ne serait pas mort !

Ensuite, le ton devient un peu plus serein. Elle explique que son mari la tenait totalement à l'écart de ses affaires. Au moment des révélations des achats en Suisse, elle s'était réfugiée à l'île Maurice pour fuir la presse. Mais aussi pour d'autres raisons.

– Je voulais lui ficher la paix pour qu'il ait quelque tranquillité d'esprit, confie-t-elle. Et si mon mari avait fait un achat pour le compte d'un tiers, il ne m'en aurait jamais parlé, car était encore ancré en lui son esprit de la Résistance : toujours en dire le moins possible.

Les deux fils Pelat sont tendus et agressifs.

– Vous essayez par tous les moyens de vous disculper de la mort de mon père dont vous êtes responsable, lance Patrice, ceci est normal et humain. Certes, vous avez eu l'amabilité de venir sur place pour épargner ma mère, mais, par ailleurs, vous essayez de charger mon pauvre père qui est mort.

Et Olivier ajoute :

– Max Théret est quelqu'un que j'adore.

Patrice affirme :

– Cette opération, je ne la connais que par la presse. [...] Mon père ne m'a pas fait de confidences particulières. Quant à ses motivations, je sais qu'il a suivi un conseil de Max Théret.

Il confirme également qu'il a créé une petite société avec Alain Boublil, un ami de la famille.

Édith Boizette établit rapidement qu'Alain Boublil fréquente assidûment les personnes impliquées. Il reconnaît devant elle une vraie empathie pour Samir Traboulsi : « C'est un homme-clé au Moyen-Orient. Il est sympathique. Nous avons des modes de vie différents mais nous partageons des goûts communs, l'opéra, la peinture. Vers 1984, 1985, nos relations ont dépassé le cadre de nos fonctions. Nous nous sommes vus deux ou trois fois par mois. Je rencontrais chez lui des gens qui m'étaient professionnellement utiles, et Traboulsi me recevait avec mon épouse deux ou trois week-ends par an, durant l'été, à l'Hôtel de Paris à Monaco. »

Et puis, la juge découvre l'existence de cette fameuse virée en Corse sur le luxueux yacht loué par Traboulsi pour faire se rencontrer le patron américain de Triangle et les représentants de Pechiney. Boublil confirme sa présence – difficile de faire autrement – mais prétend qu'elle était fortuite et qu'il n'a pas assisté aux conversations liées aux négociations.

Il ne cache pas non plus ses liens amicaux avec Patrice Pelat : « C'est un industriel, ami du Président, que j'ai connu en 1982. Nous entretenions des relations assez régulières. Il venait me voir à mon bureau lorsqu'il passait voir le Président à l'Élysée. Fin 1982, nous avons passé une semaine de vacances en Tunisie, à Noël. Il y avait aussi monsieur et madame Bérégovoy. » Il conclut : « C'est un homme pour lequel j'ai beaucoup d'affection et d'admiration. »

Ce qu'il ne dit pas, c'est son désir frénétique de se rapprocher du Président, de faire partie du premier cercle des élus, près, tout près du monarque. Jacques Attali raconte d'abord la surprise, puis l'énervement de François Mitterrand en voyant surgir Boublil inopinément, sans y avoir été convié, au moment où il va se recueillir sur la tombe de son grand ami Georges Dayan, mort deux ans avant son élection à la présidence de la République.

Boublil reconnaît aisément qu'il a monté une société de commercialisation de vins, Internégoce, avec Patrice Pelat fils. L'idée était d'acquérir, on l'a déjà vu, des grands crus aux enchères à Londres et de les revendre à leur entourage. Une petite entreprise, plus « pour s'amuser » que pour gagner de l'argent. D'ailleurs, selon Boublil, son chiffre d'affaires ne dépassait pas les 150 000 francs en 1988. Sauf que les enquêteurs vont découvrir que les versements en espèces, en 1986, s'élèvent tout de même à plus de 250 000 francs, dont 29 000 francs provenant du copain libanais Samir qui, décidément, sait faire des petits cadeaux qui entretiennent l'amitié…

En revanche, Boublil nie farouchement avoir informé Pelat du dénouement de l'affaire Pechiney avant qu'elle ne devienne publique. Ce n'est pas l'avis du juge Boizette.

Celle-ci comprend qu'Alain Boublil est au cœur du système, et même qu'il est probablement à l'origine du projet de fusion d'American Can avec Pechiney. Très rapidement, elle est aussi convaincue que la fuite a bien eu lieu lors du fameux déjeuner anniversaire des Bérégovoy. Tous les protagonistes de l'affaire étaient réunis et les ordres d'achat ont été lancés aussitôt après. Mais, comme dans un roman policier d'Agatha Christie, encore faut-il trouver l'auteur du crime. Celui qui a commis la faute de « trop parler » : Bérégovoy, Traboulsi, Boublil ? Tous savaient et tous ont pu commettre le délit. Mais la Justice ne peut se satisfaire d'un coupable collectif, comme dans *Le Crime de l'Orient-Express*. Il lui faut un responsable. Très vite, Boublil apparaît comme le favori. Il va commettre une erreur fatale aux yeux de la Justice : mentir. Ou du moins minimiser systématiquement son rôle. Il va tenter de démontrer qu'il en savait très peu, beaucoup moins qu'on ne le croit. Or, pour les enquêteurs, c'est une évidence : seuls les coupables dissimulent les faits. Comme le dit Jacques Attali avec une tendresse inattendue :

– Je l'aime beaucoup mais le pire ennemi de Boublil, c'est évidemment Boublil. S'il a fait des conneries, c'est par vantardise et non par intérêt.

Il est très vite établi que le directeur de cabinet de Bérégovoy n'a retiré aucun bénéfice de cette affaire. Tous ses comptes épluchés par les policiers le prouvent.

Seulement, tout au long de ses déclarations, Alain Boublil continue devant la juge Boizette à minimiser sa connaissance du dossier. Il prétend qu'il ignorait le nom de l'action Triangle. Il sera contredit par un de ses collaborateurs. La juge sera obligée d'organiser une confrontation entre eux.

En privé, devant des membres du cabinet, il met en cause le ministre lui-même et ses liens avec Traboulsi.

Ce qui explique sans doute la rapidité de son départ du ministère…

Étrangement, Pierre Bérégovoy ne semble pas chercher l'auteur de la fuite. Il paraît, en revanche, avoir une idée précise de celui qui a saisi l'information et qui l'a fait prospérer : l'un de ses proches nous a confié que le ministre était convaincu que c'était un des Pelat. Pas le père, mais le fils du même prénom. Il aurait compris lors d'une conversation (au déjeuner) que cette action allait exploser, mais sans rien connaître du dossier Pechiney. Pierre Bérégovoy l'aurait en urgence convoqué au début de l'affaire dans son bureau. Et plusieurs collaborateurs auraient vu le jeune Patrice sortir en pleurs...

Le fait est que c'est bien lui qui s'est présenté le lendemain chez Max Théret pour identifier l'action Triangle. Mais la Justice ne l'a jamais mis directement en cause, il bénéficie donc de la présomption d'innocence. D'autant que c'est incontestablement son père, et non lui, qui a acheté les actions en France et en Suisse.

Finalement, en raison de son comportement équivoque et de son lien privilégié avec Traboulsi, la juge estime qu'Alain Boublil est l'auteur de la fuite. Elle l'inculpe de recel de délit d'initié, bien que ce « coupable idéal » ne se soit en rien enrichi à cette occasion. Il est désigné par un faisceau de présomptions. Mais sans preuve tangible et sans qu'aucun protagoniste ne l'ait cité nommément. Édith Boizette décide de le renvoyer en correctionnelle avec les autres. Au tribunal de trancher. L'audience est prévue pour le printemps 1993.

Avant le procès, pourtant, d'étranges manœuvres et manigances se déroulent autour d'Alain Boublil et de Samir Traboulsi.

Boublil se trompe en s'estimant totalement abandonné. En réalité, sa mise en cause va activer les réseaux souterrains de l'Élysée. Son inculpation n'est pas un bon présage, ni pour le ministre des Finances, ni pour le Président. Il faut donc réagir. Mais sous le boisseau, de manière secrète, à la façon de la police de Fouché sous l'Ancien Régime. S'ensuit un épisode rocambolesque de cette affaire qui n'a jamais été révélé : le fougueux Gilles Kaehlin, le policier à l'origine du tuyau des RG sur les achats de Pelat en Suisse, se voit confier une mission délicate. Il s'agit de sauver le soldat Boublil et ses généraux. L'ex-policier raconte aujourd'hui :

– On m'a demandé de contacter Traboulsi pour qu'il accepte de dire que c'était lui et lui seul qui avait balancé le tuyau à Pelat. De toute façon, Samir était grillé dans la filière libanaise et n'avait plus rien à perdre. S'il avait accepté, on lui en aurait été sûrement reconnaissant... Je lui dis : « Soyez élégant ! » Samir ne répond ni oui ni non, mais réfléchit. Puis il demande à rencontrer le ministre de l'Intérieur, Pierre Joxe, pour en discuter avec lui. J'ai transmis la demande à mes chefs, et la réponse ne s'est pas fait attendre : « Il n'en est pas question ! Jamais ! »

Il faut dire que la fréquentation de Traboulsi n'est pas du goût du rigide Joxe.

– J'ai revu Traboulsi, conclut Kaehlin, et il m'a répondu : « Eh bien, puisque c'est comme cela, j'irai en prison ! » Il n'y croyait pas. C'est pourtant ce qui s'est passé.

Ce que Samir Traboulsi n'a pas dit au policier, c'est qu'il s'active en coulisse et abreuve Pierre Bérégovoy de courriers, l'assurant de son innocence et lui demandant d'intervenir pour le défendre. Dans un livre paru en 2008, le journaliste Jacques Follorou, du *Monde*, révèle ses incroyables exigences. Ainsi, dans une lettre que Bérégovoy fait parvenir au garde des Sceaux, Samir explique sans complexe : « Face à la vacuité du dossier, le parquet doit requérir un non-lieu à mon égard. » Le journaliste ajoute : « Après la nomination de Pierre Bérégovoy, on relève plus d'une trentaine de notes adressées à son bureau ou, entre juin 1992 et février 1993, à son domicile. » Devenu entre-temps Premier ministre, Bérégovoy fait passer une note de Traboulsi au conseiller juridique de Matignon, accompagnée de ce mot : « Cette note est parvenue à mon domicile. L'intéressé demande avec insistance à avoir un contact avec vous. Je vous y autorise dans les conditions que vous jugerez utiles. Je trouve que son impatience grandit… »

Mais pourquoi un tel empressement de la part de Bérégovoy ? Pourquoi cède-t-il ainsi aux desiderata de Traboulsi ? Leurs relations sont-elles devenues tellement étroites qu'il n'est plus en capacité de refuser ? En tout cas, les demandes répétées de Traboulsi n'auront pas de résultats. Malgré ses protestations véhémentes et l'amitié de son puissant protégé, l'intermédiaire libanais sera renvoyé devant le tribunal correctionnel.

*

* *

C'est dans un climat particulièrement tendu que, le 2 juin 1993, l'audience s'ouvre à Paris. À peine un mois auparavant, un drame terrible est advenu : Pierre Bérégovoy s'est tiré une balle dans la tête.

Ils sont neuf prévenus, si désarçonnés et si convenables, assis dans le box, entourés de la fine fleur du barreau de Paris. Tous accusés de délit d'initié. Mais ceux qui captent la lumière, ce sont les deux vedettes de ce procès de « l'argent qui corrompt ».

Le chroniqueur du *Monde* Laurent Greilsamer les croque avec talent : « Samir Traboulsi avait pour sa part choisi de sourire. Et son sourire fin, presque voilé, a suffi à trahir une souffrance secrète. Arboré comme une permanence, ce sourire triste fut en quelque sorte la seule défense de l'homme d'affaires libanais... Alain Boublil, lui, a pris un air boudeur. Puissant, humilié et offensé, il a attendu tout seul, au fond du prétoire, que le tribunal l'appelle pour confirmer qu'il s'appelle bien Boublil [...] Il a serré son porte-documents contre lui, tout au long de l'audience, comme s'il endurait un interminable trajet en métro. »

Et le journaliste conclut joliment : « La première audience d'un procès prévu pour durer plusieurs semaines ressemble toujours à un mauvais voyage. »

À quoi vient s'ajouter le vieux baroudeur au grand

cœur malade, Max Théret, qui s'acharne à crier que c'est lui le coupable, au point que son avocat, Henri Leclerc, contredisant, une fois n'est pas coutume, son client, va évoquer lors des plaidoiries, un « mensonge d'honneur » ! Tous les autres, sans surprise, vont défiler à la barre pour jurer de leur innocence. Un défilé de vertu qui n'émeut pas le procureur.

Le réquisitoire de Jean-Claude Marin va durer trois heures et demeurer dans les annales comme une des plus fortes et fines accusations dans un procès financier. Une charge vibrante et solennelle contre la criminalité financière et les boursicoteurs de tout poil. Elle débute de façon inattendue :

« Le fond de monarchisme qui sommeille chez les Français excluait, à tort, que cette affaire puisse jamais être jugée. Pensez ! Une affaire où se croisent un grand ami du Président, un vieil homme, fidèle soutien du parti au pouvoir, un grand commis de l'État, haut fonctionnaire du ministère le plus puissant de France, et un milliardaire omniprésent… Eh bien, ils sont là pour répondre de leurs actes. »

Et, soudain, il hausse le ton : « Avez-vous remarqué comme ils sont à l'aise, comme ils sont fringants… Ils sont sereins et pourtant ce sont des tricheurs ! »

Inutile de décrire les prévenus. Ils sont passés bien vite de « fringants » à livides. S'ils sont arrivés sereins, ils sont à présent pétrifiés.

Le magistrat poursuit : « Des tricheurs qui ont fait oublier la merveilleuse opération industrielle de Pechiney, au profit du souvenir de cette course méprisable à l'argent sale, de l'image d'une Bourse exotique où tous les coups sont permis, d'un marché où une voyoucratie de l'argent profite de ses relations. »

Et même si le procureur prend soin de faire la distinction entre le « procès du pouvoir et le procès du dévoiement de quelques-uns », la critique porte, entre les lignes, jusqu'au sommet de l'État. Puis, Marin se tourne vers chaque prévenu, avec une phrase assassine.

Visant le duo Théret-Reiplinger, il tonne : « Ils mentent et ils entraînent leurs collaborateurs dans le mensonge ! » Puis, fixant directement le vieil homme d'affaires : « Vous parlez d'une instruction uniquement à charge, monsieur Théret ? Mais chaque fois que vous avanciez quelque chose, nous avons été voir si cela était vrai. Ce n'est pas de ma faute si cela s'est révélé faux. »

Le procureur évoque alors le rôle de Roger-Patrice Pelat, le complice de Théret (si ce n'est le contraire), même s'il a disparu : « Monsieur Pelat a menti souvent, et pourtant il a bien peu été entendu avant son décès. Il jure n'avoir jamais acheté par un autre canal que la banque Hottinguer. Il s'élève contre les mensonges odieux des journalistes qui ne connaissent pas leur métier. Mais nous connaissons désormais ses achats, les titres acquis par la société suisse Experta Treuhand. Joli coup, également ! » Le procureur l'accuse en outre d'avoir « trahi ses amis » en leur cachant ses achats en Suisse.

Mais reste le point crucial du procès : Qui a informé ces « *golden papys* » ? Pour le procureur, le doute n'est pas permis, l'informateur de ces messieurs, c'est le directeur de cabinet de Pierre Bérégovoy.

« Monsieur Boublil, qui se définit comme un haut fonctionnaire, oublie sans doute qu'au nombre des devoirs d'un grand commis de l'État il y a celui de dire la vérité à la Justice. Or, il a donné le sentiment de ne pas dire toute la vérité, comme s'il s'agissait de quelque chose d'aléatoire. Il fallait à chaque fois lui présenter de nouveaux éléments pour qu'il parle. Je me suis demandé pourquoi Alain Boublil oubliait certaines conversations, mentait. Le fait de mettre en contact le numéro un de l'emballage avec le groupe Pechiney n'a rien de honteux. Qui aurait pu s'en offusquer ? La raison, c'est qu'il ne faut pas paraître retenir des informations financières décisives après le 9 novembre, des informations qui vont permettre de faire faire aux copains un coup de Bourse génial. »

Quant au sieur Traboulsi, Jean-Claude Marin le nomme « le Machiavel d'un autre ballet », faisant allusion à Charbel Ghanem, son copain libanais, qui a acquis, entre août et octobre 1988, 91 000 titres de la société Triangle. Le grand vainqueur de ce coup de Bourse.

« Lorsque Samir Traboulsi nous dit qu'il aurait été fou de brûler sa maison, de mettre en péril sa commission d'intermédiaire de 60 millions de francs, il ne dit pas tout. » Là, le magistrat désigne Traboulsi : « En réalité, vous avez reçu cette commission et les plus-values ont bien été réalisées. C'est ce qu'on appelle un coup double. Le seul initié possible, c'est vous ! »

Les peines demandées seront à hauteur de la plaidoirie : le maximum prévu par la loi. Le procureur requiert deux ans de prison contre Alain Boublil, en justifiant sa sévérité : « Seule cette peine maximum peut constituer la juste punition de sa trahison. »

Contre Max Théret et Robert Reiplinger, symboles « d'une union indéfectible dans le mensonge », il demande trois ans de prison, dont deux avec sursis, et 2 millions de francs d'amende.

À Samir Traboulsi, « cet initiateur de la première heure qui a si bien su se rendre indispensable » : deux ans de prison, dont un avec sursis, et 80 millions d'amende.

Jean-Claude Marin conclut son réquisitoire en demandant au tribunal « une application de la loi sans faille, ou une relaxe. Il n'y a pas matière à tempérer ».

Les avocats vont avoir du fil à retordre pour remonter le courant. Mais ils tentent de trouver une voie navigable.

Les défenseurs de Max Théret et Robert Reiplinger ont la rude tâche de défendre leurs clients contre eux-mêmes. Henri Leclerc et Michel Blum sont bien conscients que leur thèse ne tient pas la route et, comme ils ne veulent pas en démordre, ils adoptent la seule stratégie possible : montrer que ce mensonge les grandit.

Maître Leclerc adopte au départ le même ton que le procureur : « Vous savez que je vous respecte. Vous êtes un grand magistrat. J'ai apprécié votre réquisitoire écrit. » Marin fait un geste de modestie et l'avocat réplique : « Mais si ! Je n'ai qu'un seul mot : superbe ! » Théret, quatre-vingts ans, suit avec un air malicieux la délicate démonstration de son avocat. Puis Henri Leclerc joue de la corde sensible, en rappelant les premières années ardentes de Max. On apprend que, parmi ses nombreuses cartes de crédit, Théret conserve pieusement sa carte des Jeunesses socialistes espagnoles. En gros, est-ce la faute de son client s'il a « le génie de faire sortir l'argent du néant » ? Et, pour conclure, le brillant orateur répond au procureur qui vient de traiter son client de menteur : « Mais qui a dit que l'accusé devait dire la vérité ? Parfois, il y a des mensonges d'honneur. » Et Leclerc compare le vieux Max au jeune Cyrano « couvrant avec panache le mensonge d'un autre ».

Dans le même style, le défenseur de Richard Reiplinger, Michel Blum, reprend lui aussi le procureur : « Ce huitième joueur mondial de bridge a pris le mot "tricheur" comme une insulte. S'il se tait par fidélité, on ne doit pas le mépriser ! »

Alain Boublil, pour sa part, a choisi deux avocats opposés, l'exalté Thierry Levy et un avocat d'affaires réputé, Jean-Michel Darrois. Ce dernier, en technicien du droit, mettra en lumière la vraie faille de l'accusation : le manque de preuves réelles, en insistant sur le nombre de personnes dans la confidence. Thierry Levy, lui, plus agité, choisit d'abord l'attaque politique en affirmant qu'à travers Boublil c'est le Président de gauche qui est visé. Puis il assassine son propre client pour le sauver, en parlant de ses défauts : « Il était parfait à cause de sa vilaine personnalité, lance-t-il, parfait à cause de ses liens avec Mitterrand, parfait à cause des résultats des dernières élections, mais il est innocent ! » Mais c'est surtout sa saillie à propos du décès de Pierre Bérégovoy – qu'il est d'ailleurs le seul à évoquer ici – qui va marquer les esprits. Comme Marin a écarté d'emblée tout soupçon sur l'ancien Premier ministre, Levy pose cette question perfide : « Alors, faut-il mourir pour vous convaincre ? »

Laurent Greilsamer résume parfaitement dans *Le Monde* les charges retenues contre le principal accusé : « Pour cumuler sur ses épaules un "délit d'amitié", un "délit d'ubiquité" et un "délit de maladresse" caractérisés, est-il pour autant "le" coupable de cette flibuste financière ? »

Traboulsi, lui aussi, est assisté par deux avocats, Jean Loyrette et Grégoire Triet, membres d'un des cabinets d'affaires les plus connus de Paris. Avec humour, Loyrette soupire, en bon Français : « Ah ! Comme j'eusse aimé que votre réquisitoire ait été prononcé si nous avions encore eu un gouvernement socialiste ! »... et fait rire la salle, certains d'un rire jaune. Puis il continue sur le même registre du « mal-aimé condamné d'avance ». Comme les défenseurs de Boublil, maître Triet insiste sur « l'absence de curiosité de l'accusation. Elle a procédé trop systématiquement par élimination, coïncidences mises bout à bout et suppositions ».

Seul intermède léger du procès, l'interrogatoire d'un trader haut en couleur, Ricaldo Zavala. Cet Américain né à Genève, qui parle sept langues et roule en Bentley, aurait été parfait dans le rôle du loup de Wall Street. Personnage extravagant, flambeur mais néanmoins professionnel, il justifie l'achat de 5 000 titres Triangle le 16 novembre 1989 par des recherches sur les sociétés d'emballage. Il va dire astucieusement au tribunal : « On peut être malin sans être initié... » C'est son avocat, Olivier Scherb, qui portera l'estocade à l'accusation en interpellant Jean-Claude Marin : « Monsieur le procureur, aidez-moi ! Qui a informé Zavala ? [...] Vous ne voulez vraiment pas m'aider ? Vous m'obligez alors à plaider la relaxe ! » Et il l'a finalement obtenue. Zavala sera le seul relaxé en appel.

La présidente du tribunal, Claude Noquet, a dû être sensible à l'argumentation de la défense. À la surprise générale, le tribunal relaxe Alain Boublil, en insistant sur ce « partage du secret avec Traboulsi », et conclut que « le doute doit bénéficier au prévenu ». Une claque sonore pour le procureur et pour la juge Boizette, qui a assisté aux débats assise dans le public. Mais le tribunal avalise tout de même leur travail en condamnant Max Théret à deux ans d'emprisonnement avec sursis et Robert Reiplinger à quinze mois avec sursis. Ils doivent, en outre, payer chacun 2,5 millions de francs d'amende. Traboulsi écope, lui, de deux ans de prison avec sursis et de 25 millions d'amende ! Un record. Aussitôt le parquet fait appel. Samir Traboulsi en fait autant, ce qu'il regrettera amèrement...

*
* *

L'appel ne traîne pas, moins d'un an après, le 26 avril 1994, mais l'actualité versatile est passée à autre chose. L'audience, qui se tient dans une salle exiguë, tout au fond du Palais, ne mobilise plus les médias. Pourtant, deux des protagonistes vont enfin passer aux aveux.

Max Théret et Robert Reiplinger – au grand soulagement de leurs défenseurs – vont reconnaître que c'est bien Patrice Pelat qui leur a filé le tuyau, et le vieux trotskiste explique pourquoi ils ont menti : « C'était l'hystérie, c'était l'affaire du siècle, une affaire d'État. On disait dans les journaux que ça allait faire démissionner le président de la République. Je n'ai jamais mis mon drapeau dans ma poche. Pelat était effondré. D'ailleurs, il en est mort. Alors j'ai dit : j'en prendrai la responsabilité. »

Reiplinger confirme qu'il a accepté de partager la version de Max et qu'il avait donné sa parole de ne pas trahir.

Alain Boublil, droit dans ses bottines, ne flanche pas et demeure fidèle à sa première déclaration, d'autant plus qu'il a été relaxé. Il se croit sauvé.

Samir, lui, se lance dans un numéro d'équilibriste. Il sort soudain de sa manche un camarade de classe, Robert Nakkak, « un aigri, capable de trahir ceux qui lui ont fait du bien ». Il se souvient soudain que ce copain, qui travaillait avec lui, était sur le fameux yacht de Peltz au moment des négociations (décidément il y avait du monde sur le bateau !) et suggère qu'il pourrait être à l'origine de la fuite libanaise. L'intermédiaire conclut en soupirant : « La plus belle affaire de ma vie s'est transformée en cauchemar ! »

Douche glaciale pour les autres prévenus, notamment pour les deux « vedettes » du procès. Jacqueline Chevalet, qui préside l'audience, n'est pas d'accord avec sa collègue du tribunal correctionnel. C'est la prison ferme, cette fois, pour Alain Boublil (deux ans, dont un an avec sursis). Peine identique pour Samir Traboulsi, dont le numéro en scène n'a visiblement pas convaincu. Une seule bonne surprise pour lui – si l'on veut –, son amende est ramenée de 25 millions à seulement (!) 20 millions. Quant au duo Max et Robert, la cour confirme les deux peines : deux ans d'emprisonnement avec sursis pour Théret et dix-huit mois, également avec sursis, pour Reiplinger. Mais l'amende de Robert Reiplinger se voit un chouia réduite (500 000 francs). Toujours bravache, Max Théret glisse à son avocat : « Dommage, en prison j'aurais pu me faire de nouvelles relations ! » Boublil et Traboulsi se ruent sur leur dernière chance d'éviter la prison, la Cour de cassation. Encore aujourd'hui, les deux compagnons d'infortune se reprochent amèrement d'avoir pris le risque d'aller en appel, pour se faire coincer dans une mécanique infernale…

Malheureusement pour eux, la législation d'alors exigeait que les prévenus se constituent prisonniers la veille de l'audience en cassation. Ce qu'on dénommait avec justesse « la prise de corps ». Une vraie roulette russe avec une dose de sadisme. Deux solutions possibles : la condamnation en appel était cassée et dans ce cas ils ressortaient libres en attendant un nouveau procès. Ou leurs pourvois étaient rejetés et ils demeuraient en prison !

Le 22 octobre, deux hommes, les traits tirés, se présentent devant la porte de la Santé avec le fol espoir de ressortir le lendemain. Mais le miracle ne se produit pas. La cassation tombe à l'eau et les deux compères demeurent sous les barreaux. C'est une humiliation terrible, surtout pour le haut fonctionnaire. Seule consolation dans cette période dramatique, il reçoit, en prison, un petit mot de soutien du président de la République. Peut-être le signe qu'il ne le croit pas coupable…

Samir, lui, prend la situation avec plus de pragmatisme. Il aménage confortablement sa cellule et obtient, au bout de deux mois, un régime de semi-liberté qui lui permet de vaquer à ses occupations et de rentrer seulement dormir à la prison de Corbeil. À 6 heures du matin, son chauffeur vient le chercher pour ses rendez-vous au Ritz ou au Raphaël et, le soir, le ramène à 22 heures. Une Cendrillon des centrales, en quelque sorte !

Alain Boublil retrouvera le grand air au bout d'un mois et demi. Des années plus tard, il nous avouera que cette expérience l'a marqué à jamais. Il dira même, dans un demi-sourire, qu'il a « perdu son arrogance de jeunesse ».

Aujourd'hui cet ancien haut fonctionnaire, qui a refait sa vie, a l'élégance rare de reconnaître ses défauts de jeunesse. Dans l'entretien qu'il nous accorde, s'agissant de l'image d'arrogance qu'on lui a tant reprochée, il ne se défile pas. On sent qu'il a longuement revisité son passé et souvent réfléchi à cette critique : « C'est vrai que j'étais arrogant », répond-il avec simplicité.

Un sourire tangue, entre malice et tristesse, et il poursuit :

– C'était pire encore quand j'étais enfant ! J'étais le dieu vivant de la famille, le petit préféré, le premier héritier mâle à naître après la guerre… Vous ne trouverez pas grand monde pour dire du bien de moi, ajoute-t-il d'un ton las.

Il faut dire que l'homme a eu le chic pour se mettre tout le monde à dos. Mais il estime toujours avoir été une victime expiatoire et avoir payé pour un autre. Il ne le nomme jamais clairement, mais on peut reconnaître sans trop de difficulté l'ombre de Traboulsi. Enfin, il se prévaut du soutien indéfectible, jusqu'au bout, du Président : « Deux jours avant sa mort, alors qu'il avait déjà arrêté son traitement, il a appelé ma femme pour prendre de mes nouvelles. »

Nous le regardons s'éloigner, traverser la place de l'Alma à petits pas, son éternelle sacoche en cuir serrée contre lui, comme durant tout le procès, emportant avec lui ses secrets.

*

* *

À quelques pas de là, nous rejoignons Samir Traboulsi au Four Seasons, l'un des grands palaces parisiens trônant avenue George-V. Un rendez-vous avec l'homme d'affaires libanais dans un hôtel de luxe revient à faire une escapade dans le monde des très riches. Nous l'avions déjà rencontré en 1988, au moment de l'affaire, dans le somptueux appartement aux murs couverts de tableaux de maîtres qu'il occupait place des États-Unis.

Il n'a pas changé. Toujours svelte et élégant, séduisant et séducteur, l'œil perpétuellement aux aguets. Son entrée au bar provoque une ruée de serveurs qui se précipitent pour accrocher son manteau qu'on imagine en cachemire ou en alpaga. On nous installe dans un petit coin tranquille et tamisé, à l'abri des conversations. Traboulsi débarque de Londres où ce grand collectionneur d'art moderne vient d'acquérir un Fontana, l'un des artistes contemporains les plus connus et les mieux cotés.

Il prévient immédiatement qu'il ne « tient pas trop à revenir sur cette vieille histoire et que, moins on en parlera, mieux il se portera ». Mais il livre malgré tout quelques souvenirs et quelques opinions bien tranchées.

– J'ai rencontré Pelat par l'intermédiaire de Pierre Bérégovoy, mais, précise-t-il, nous n'avons jamais été amis, ni fait d'affaires ensemble. Pelat était un homme de droite qui fréquentait la gauche. Il était fasciné par l'argent, un self-made man qui aimait la vie. Il était celui qui murmurait à l'oreille du Président… Quand Bérégovoy avait un message spécial à faire passer à Mitterrand, Pelat servait volontiers de courroie de transmission. Il tenait en quelque sorte le rôle « d'arrangeur». Quant à Pierre Bérégovoy, c'était mon ami : un homme honnête, intelligent et fragile. Il n'était pas à l'aise dans ce monde de requins qui n'était pas le sien.

En ce qui concerne l'affaire Pechiney, des années plus tard, Samir Traboulsi clame encore son innocence avec véhémence.

– Je devais toucher une très grosse commission si la vente se réalisait, et j'étais partie prenante dans les négociations. Quel intérêt avais-je à commettre un délit d'initié ?

Quant au déjeuner chez Edgard, il élude la question d'un geste las et tient à rester vague : « Nous étions plus de quarante ce jour-là… » Puis d'un bond, Samir se lève, son superbe manteau retombe comme par magie sur ses épaules et il disparaît, avalé par le tourniquet de la porte du palace, vers d'autre aventures, d'autres affaires…

Les Américains raflent la mise

Après que la Justice sera passée en France, les autorités américaines vont entrer en piste. Elles veulent récupérer les bénéfices réalisés par la vente des actions Triangle en Suisse, sommes qu'elles ont bloquées dans les coffres helvétiques dès le début de l'affaire. Leur méthode est simple et pragmatique. Ils mettent le couteau sous la gorge des tricheurs et leur disent : « Soit vous rendez l'argent, avec les intérêts s'il vous plaît, soit vous serez poursuivis aux États-Unis. »

En cas de condamnation, cela signifie que les fraudeurs ne pourront plus jamais sortir de France sans risquer une arrestation et une demande d'extradition américaine. Ce qui est compliqué pour des hommes d'affaires internationaux…

Robert Reiplinger revient pour la première fois sur ses démêlés avec la justice américaine :

– Je trouve un matin, dans mon courrier, une enveloppe en provenance des États-Unis contenant un mémoire de cinq cents pages. Il récapitule la totalité des transactions et on me réclame la restitution de mes sommes saisies, plus douze années d'intérêts (depuis l'achat) à 10 % l'an !

Max Théret, égal à lui-même, s'enflamme : « Je m'en fous, je ne les aime pas, je n'ai pas l'intention d'aller chez eux, je ne payerai rien ! » Reiplinger, lui, veut négocier et se libérer de ce boulet. Il prend un avocat spécialisé, lequel lui annonce qu'il risque d'avoir à régler la somme colossale de 60 millions de dollars, alors que ses actions lui ont rapporté en Suisse 114 000 dollars ! Affolé, il téléphone à Boublil pour obtenir un conseil. L'ex-haut fonctionnaire, reconverti dans le privé, l'envoie carrément promener, en lui disant : « Appelez les Américains vous-même ! »

Robert téléphone à un certain Eric Schwartz, l'attorney général qui suit l'affaire à New York. Et, surprise, il tombe sur lui directement :

– *Schwartz speaking*, dit une voix.

Tout de suite, sans les formes européennes d'usage, l'Américain lui demande combien il est prêt à payer. Pris au dépourvu, notre Français propose 200 000 dollars. Silence au bout du fil, puis Schwartz répond brutalement : « Vous plaisantez ? » (*It's a joke ?*)

À partir de ce moment entre en piste « un avocat, grand ami de Mitterrand », dont Reiplinger préfère taire le nom et qui va piloter l'affaire. L'avocat part négocier pour lui aux États-Unis. C'est un excellent intermédiaire. La somme sera finalement ramenée à 250 000 dollars. Pour valider le jugement, Reiplinger se rend au consulat américain à Paris et jure sur la Bible qu'il ne recommencera jamais !

La famille Pelat, elle aussi, a négocié avec la justice américaine et rendu l'argent. Ce que nous confirme Olivier Pelat : « Nous avons restitué ces sommes aux États-Unis. Notre père était mort mais, preuve de notre bonne foi, nous n'avons fait l'objet d'aucune poursuite américaine. »

Le juge de Zurich, Peter Cosandey, n'a plus qu'à débloquer tous les comptes, ce qui évite un procès avec les Américains. Il nous livre aujourd'hui un vieux proverbe suisse. « Chez nous, on dit : je préfère le moineau dans la main plutôt que la colombe sur le toit… »

– 14 –

L'AFFAIRE BÉRÉGOVOY

Ce vendredi 31 janvier 1992, veille de week-end, le tribunal du Mans somnole un peu. En voyant entrer dans son petit bureau le patron d'une entreprise du bâtiment, Jean-Pierre Bouvier, le juge Thierry Jean-Pierre n'imagine pas un instant que cet entretien déclenchera une enquête à rebondissements qui ira réveiller le fantôme de Patrice Pelat et coûtera la vie au Premier ministre Pierre Bérégovoy.

Si ce patron d'une société locale de BTP s'adresse à ce magistrat, ce n'est pas par hasard. Il sait que Thierry Jean-Pierre a une réputation d'incorruptible et qu'il est devenu célèbre en s'attaquant au cœur du pouvoir.

En ce début d'année, la gauche affronte des vagues scélérates, comme disent les marins. L'année précédente a été catastrophique pour le Président. François Mitterrand a remplacé son Premier ministre, Michel Rocard, par Édith Cresson, qui ne tient pas la barre et multiplie les bourdes avec des phrases chocs comme « La Bourse, je n'en ai rien à cirer ! » Le ministre de la Défense

Jean-Pierre Chevènement a claqué la porte, manifestant bruyamment son désaccord sur la guerre du Golfe. L'économie ne se porte pas mieux : le pays dépasse les trois millions de chômeurs. Du coup, la popularité du Président plonge, passant de 65 % de satisfaits à un petit 31 %.

Mais, surtout, la gauche traverse une véritable crise morale. À peine une affaire politico-financière s'est-elle estompée (Carrefour du Développement) qu'une deuxième a surgi (Urba), éclaboussant à nouveau le Parti socialiste. Les citoyens constatent, dépités, qu'une fois parvenue au pouvoir la gauche utilise, manifestement sans états d'âme, les méthodes tant décriées de l'ancienne majorité, avec le même sentiment d'impunité. Une terrible déception pour ceux qui avaient mis tous leurs espoirs dans les promesses – nombreuses – de 1981. En tout cas ces deux affaires emblématiques sont tombées dans l'escarcelle du juge Thierry Jean-Pierre.

*

* *

Le 31 janvier 1992, donc, Jean-Pierre Bouvier, responsable de la filière du Mans de la société de bâtiment Heuliez, vient déposer une plainte pour fausses factures. La grande spécialité du juge Jean-Pierre.

L'entrepreneur vient d'être licencié. On lui reproche des travaux faits gratuitement dans sa maison. Il crie à l'injustice car sa société ne se gêne pas pour offrir gracieusement ses services à ses gros clients. L'homme ne manque pas de munitions et connaît ses dossiers. Sa société, Heuliez, appartient à un très grand groupe du bâtiment, la Compagnie générale du bâtiment et de construction (CBC). La direction parisienne de l'entreprise – sa maison mère – lui a ordonné de rédiger de fausses factures attribuées aux chantiers du centre d'hémodialyse de l'hôpital du Mans et au groupe scolaire Louis-Blanc de Courbevoie (Hauts-de-Seine). Ces factures bidons étaient destinées à régler les travaux, bien réels ceux-là, commandés pour une propriété en Sologne appartenant à un gros promoteur. Il s'agissait, entre autres, du creusement d'étangs, effectué par un sous-traitant spécialisé, l'entreprise Prochasson. D'ailleurs, Bouvier donne au juge le double des factures qu'il a consciencieusement conservées et dont le total s'élève à 842 040 francs, et livre, en prime, le nom du client : Christian Pellerin.

Le juge réalise aussitôt qu'il s'engage sur un terrain plein d'embûches. La CBC est l'une des plus importantes entreprises de construction nationale. Elle dépend elle-même d'un géant, la Compagnie générale des eaux, l'un des fleurons de l'industrie française. Quant à Christian Pellerin, on évolue dans les mêmes sphères. Pellerin est l'homme qui a conçu et réalisé le quartier d'affaires de la Défense, dans le nord de Paris. Une des plus importantes et plus coûteuses réalisations de ces dernières années. Chacun sait que le « génial » promoteur pèse des milliards. S'attaquer à lui ne va pas être non plus une partie de plaisir. Peu importe : Jean-Pierre aime la bagarre et l'a déjà prouvé. Alors il plonge. Mais s'entoure de tous les garde-fous judiciaires possibles. Il informe dûment son procureur, qui lui donne son feu vert. Le nouveau patron du parquet du Mans, Yves Bot, va d'ailleurs le soutenir tout au long de l'affaire et les deux hommes vont s'appuyer l'un sur l'autre.

Il faut d'abord vérifier les dires du sieur Bouvier, en prenant son temps et en toute discrétion. Le juge interroge les comptables des différentes entreprises mises en cause pour avoir la confirmation des fausses factures. Puis, au mois de mai, il débarque avec ses enquêteurs dans les locaux de l'entreprise Heuliez à Bourges. Il y découvre des documents relatifs à des travaux dans la propriété de Christian Pellerin, la Paillardière. Un extravagant et gigantesque domaine qui possède une piste d'atterrissage pour hélicoptère et une piscine pour ses chevaux !

Trois jours plus tard, le magistrat et son escorte frappent à la porte de la petite entreprise Prochasson à Saint-Aignan-le-Jaillard (Loiret). Cette PME familiale est spécialisée dans la création et l'entretien d'étangs. De prime abord son patron, Léon Prochasson, un ancien bûcheron, ne se montre pas très bavard. Il commence par dire aux enquêteurs qu'il a subi deux pontages cardiaques (qui, comme chacun sait, font perdre la mémoire !). Il finit par se souvenir qu'il a bien travaillé pour Heuliez et pour une autre filiale de CBC et retrouve, tout de même, les doubles de 52 factures. Mais lorsque les enquêteurs lui mettent sous le nez l'une d'elles, il feint de constater, sidéré, que le nom du client a été trafiqué. L'ancien bûcheron fait tout un numéro, balbutiant : « Je ne sais pas, il y a manifestement une erreur. »

En effet il y a erreur…

Le pot aux roses sera découvert après des vérifications effectuées d'abord à l'hôpital du Mans puis à l'école de Courbevoie, auxquels étaient attribuées les factures. Les responsables de ces établissements affirment les uns après les autres ne pas connaître l'entreprise Prochasson. Et pour cause… Il reste à savoir si le véritable bénéficiaire de tous ces travaux est bien Christian Pellerin.

Le juge passe de bonnes fêtes de fin d'année car son dossier s'épaissit, les preuves s'accumulent et il pense pouvoir le boucler bientôt. Mais le 11 janvier 1993, le coup de fil d'un grand avocat parisien remet tout en question et va, comme dirait un chanteur célèbre, « mettre le feu » au tribunal du Mans.

L'avocat Jean-Marc Varaut avertit le juge que le PDG de CBC désire être entendu le lendemain. Il accompagnera d'ailleurs son client. Qu'est-ce qui peut motiver un grand patron à se déplacer jusqu'au Mans et à se jeter dans la gueule du loup en prenant l'initiative d'une telle rencontre ? Gilbert Simonet est en effet une grande pointure du patronat français. Il a développé le groupe Bouygues et l'a quitté en 1982, quand il a compris que la société reviendrait au fils de la famille, Martin. Il a alors rejoint la Compagnie générale des eaux et fondé, sept ans plus tard, sa propre société, CBC. L'entrepreneur est direct et courageux. Il n'y va pas par quatre chemins.

– Si j'ai demandé à vous rencontrer, c'est parce que je pensais qu'il valait mieux que vous appreniez la vérité en une seule fois et sans dissimulation, plutôt que par des investigations répétées, déclare-t-il d'emblée au juge.

Et l'ancien ingénieur prend sur lui toute la responsabilité de l'affaire, disculpant ses collaborateurs, et reconnaissant qu'ils ont rédigé des fausses factures sous ses ordres. Il assume également d'avoir offert à Christian Pellerin – via de fausses factures – les dépassements de travaux dans sa propriété, en remerciement des commandes gigantesques de la Défense.

Mais l'entrepreneur a autre chose sur le cœur. Il évoque longuement les nombreux pays dans lesquels son groupe intervient à travers le monde. Il cite le Gabon, l'Algérie, la Pologne et soudain, ex abrupto, il se met à évoquer la Corée du Nord puis annonce que son groupe construit un important complexe hôtelier dans la capitale, Pyongyang. Et la surprise sort de sa pochette.

– C'est Patrice Pelat, dit-il, un ami que je tutoyais, qui m'a demandé si nous étions intéressés par ce marché…

Et il explique, avec moult détails, comment Pelat a servi de « monsieur bons offices » pour obtenir ce juteux contrat. Tout cela pour dire, in fine, que les fausses factures Prochasson n'étaient pas destinées qu'à Christian Pellerin, mais servaient aussi à dissimuler des travaux effectués dans la propriété de Patrice Pelat en

Sologne : une commission en nature pour son intervention sur la Corée.

– Le dossier Pelat pouvant avoir un caractère médiatique et être l'objet de mauvaises interprétations, j'ai préféré vous dire la vérité tout de suite. Monsieur Pelat a été payé en travaux et pas par un autre moyen.

Des travaux qui ont duré un peu plus de deux ans.

– À l'évocation du nom de Pelat – dont chacun savait évidemment qu'il s'agissait du meilleur ami de François Mitterrand –, la scène s'est figée, comme lors d'un arrêt sur image au cinéma, racontera Jean-Marc Varaut. Pour rester dans l'univers cinématographique, ajoutera l'avocat pince-sans-rire aujourd'hui disparu, j'ai vu les yeux du juge s'allonger, comme dans un dessin animé de Tex Avery !

*

* *

Il n'empêche que l'apparition soudaine de Patrice Pelat dans cette histoire de fausses factures rend évidemment ce dossier hautement radioactif. Là où un autre magistrat aurait peut-être joué de prudence, le « petit juge » du Mans, qui a déjà ses galons de magistrat subversif, n'hésite pas une seconde, bien au contraire.

Il faut dire que Thierry Jean-Pierre est atypique au physique comme dans son comportement. C'est un grand échalas à la peau laiteuse, avec une tête ornée de boucles blondes et soyeuses, comme s'il avait conservé ses cheveux de bébé, et des petites lunettes fines de clerc de notaire. Difficile d'imaginer que le jeune magistrat à l'humour British soit le pur produit d'un père réunionnais et d'une mère originaire de la Lozère. Ses parents se sont d'ailleurs rencontrés à Mende, où lui enseignait les mathématiques et elle était institutrice.

Après un début d'études de droit, Thierry Jean-Pierre sera, durant quatre ans, inspecteur du Trésor. Ce passage par les impôts lui apportera une connaissance des mécanismes financiers qui va lui être très utile par la suite. Comme sa femme est juge, Jean-Pierre opte pour la magistrature. Dès sa nomination au tribunal du Mans, le jeune homme fait deux découvertes essentielles qui vont guider toute sa carrière et orienter son action.

Pour commencer, il prend conscience du poids de la hiérarchie judiciaire où l'hypocrisie et la langue de bois lui paraissent insupportables. Dans un livre d'entretiens avec les journalistes Laurent Greilsamer et Daniel Schneidermann, il décrit cette déception : « Je ne m'attendais pas du tout à une telle pesanteur de la hiérarchie, c'est affolant. On n'imagine pas quel est le degré de soumission du corps. Il faut être à l'intérieur pour prendre la mesure des compromissions habillées intelligemment, indécelables de l'extérieur. C'est le véritable ciment du corps. » D'ailleurs il cite sa première notation : « Monsieur Jean-Pierre manifeste un très grand esprit d'indépendance. Il n'apparaît pas opportun, pour cette raison, que ce magistrat occupe des fonctions de juge d'instruction. » « C'était clair ! », s'amuse-t-il. Pourtant, qu'il apprécie ou pas le système, Jean-Pierre va apprendre au fil du temps à naviguer avec l'institution en se servant de toutes les finesses du code pénal.

Par ailleurs, le jeune homme se révèle particulièrement sensible à l'injustice. Il n'acceptera jamais le fameux « deux poids, deux mesures ». Il en a pris conscience dès le début de sa carrière, avec deux affaires survenues presque au même moment. Deux jours avant Noël, une mère de famille vole pour la première fois : un blouson de 300 francs. Elle est poursuivie. Un notaire laisse un trou de 2 millions de francs. Il est radié de sa charge, mais voit son affaire classée… Cette iniquité flagrante va lui indiquer la voie à suivre.

Tout naturellement il s'engage au Syndicat de la magistrature, aux côtés des « juges rouges » qui s'attaquaient, dans les années 1970, à l'ordre social et au pouvoir. Mais avec l'arrivée de la gauche, le syndicat militant s'assagit et dépose les armes. Certains de ses responsables se rangent même officiellement du côté de ce pouvoir récemment installé. Thierry Jean-Pierre se retrouve soudain bien seul.

Surtout que de nouveaux scandales, secouant cette fois la gauche, vont le révolter, lui qui a espéré un changement radical. Au moment de l'affaire du Carrefour du développement, il s'est indigné de ce qu'un détournement de fonds publics de 9 millions de francs ne trouble pas l'ordre public, quand le vol de dix voitures mobilise les tribunaux. En guise de représailles, Jean-Pierre et deux autres juges libèrent alors neuf petits délinquants. Inutile de préciser que cette décision ne passe pas inaperçue. La presse débarque au Mans. Le magistrat s'attire les foudres du ministère de la Justice tandis que ses collègues, plus timorés, le mettent en garde : « Attention, tu es en train de saboter ta carrière ! »

Mais rien ne semble pouvoir arrêter le juge du Mans. Le pouvoir, désormais, le perçoit comme un provocateur irresponsable... Voire, pire encore, un militant de droite !

*

* *

C'est dans ce contexte exacerbé que Thierry Jean-Pierre reçoit la confession de Gilbert Simonet, patron de CBC, mettant en cause le plus grand ami de président de la République. À partir de ses déclarations, le juge ne perd pas une seconde. Il perquisitionne immédiatement le siège de CBC et procède aux interrogatoires de tous les collaborateurs de Simonet. L'un d'eux reconnaît sans se faire prier : « Un jour, monsieur Simonet m'a convoqué dans son bureau et m'a ordonné de faire payer à Prochasson, par le groupe CBC et par tout moyen que je jugerais utile, un montant correspondant à des factures dont il avait supprimé le nom du bénéficiaire. Bien que cela ne me plaise guère, j'ai obtempéré et fait faire une facture [...] Cela s'est reproduit [...] Et finalement j'ai découvert le nom du bénéficiaire. Il s'agissait de monsieur Patrice Pelat. »

Les enquêteurs réentendent alors Prochasson, et l'ex-bûcheron retrouve la mémoire. Il avoue avoir accepté, à la demande de Patrice Pelat, de réaliser d'importants travaux sur son domaine (nettoyage des étangs existants, creusement de fossés, réfection des chemins, création de trois nouveaux étangs de grande superficie) et avoir aussi établi de fausses factures. D'autres entreprises sous-traitantes – dont il livre les noms – sont également intervenues sur ce chantier.

Jouant la clarté à fond, Simonet envoie alors au magistrat tous les documents en sa possession concernant le chantier coréen, pour qu'il comprenne le déroulement de cette opération, et la commission reçue en nature par Pelat.

*
* *

Le juge Thierry Jean-Pierre se plonge dans ce dossier aussi complexe sur le plan politique que du point de vue économique.

La France n'entretient pas de relations diplomatiques avec la Corée du Nord, pour ne pas fâcher l'autre, celle du Sud. Depuis l'arrivée au pouvoir de François Mitterrand, Kim Il-Sung – qui tient le pays d'une main de fer – fait une cour effrénée au nouveau pouvoir socialiste pour qu'il reconnaisse son pays.

– Un jour, raconte en riant Jean-Christophe Mitterrand, nous avons vu débarquer à Latché deux émissaires du régime, en costume et cravate noirs, venus présenter leurs félicitations à mon père pour son élection. Il a fini par m'envoyer là-bas à sa place et j'ai reçu, à cette occasion, la plus importante médaille de l'État coréen !

Mais si la reconnaissance politique paraît impossible, rien n'empêche en revanche la France de coopérer économiquement avec cet État. D'ailleurs, d'autres à l'Élysée suivent de près l'évolution des relations entre la Corée du Nord et la France, notamment François de Grossouvre, qui noue de nombreux contacts avec les représentants de ce pays.

Grâce à l'entregent de Pelat, le PDG de CBC va se mettre sur les rangs en misant sur une autre filière. Selon Simonet, l'ami du Président lui aurait d'abord demandé si la construction, à Pyongyang, du grand hôtel Yanggakdo l'intéressait, puis il l'aurait accompagné à l'ambassade de Corée. Mais l'entrepreneur découvre que rien n'est simple lorsqu'il s'agit d'un pays comme celui-là. Car, si la Corée est désireuse d'entreprendre les travaux, elle réclame un prêt à la France pour cette construction de prestige. Un prêt de plus de 400 millions de francs. La chose en soi est possible. Un organisme d'État, la Coface, accepte sous le contrôle du ministère des Finances ce genre d'opérations. Le hic, c'est que les Coréens ont déjà largement emprunté à la Coface et qu'ils demeurent très endettés. Il faut donc l'autorisation du pouvoir français pour accorder cette nouvelle avance. Or Simonet ne veut pas lancer une étude de fiabilité (qui lui coûterait 5 millions de francs) avant d'avoir la certitude que l'État va payer sa part. Pour obtenir cette certitude – ou aider à l'avoir – il compte naturellement sur « monsieur bon offices ».

L'entrepreneur est catégorique : Pelat ne lui a pas demandé d'argent pour cette intervention. Mais Léon Prochasson, l'ancien bûcheron, livre le fin mot de l'histoire. Lorsqu'il a présenté ses factures à Pelat (au nom de CBC), il a reçu cette réponse sans réplique :

– Compte tenu de la commission qu'ils me doivent, ils auraient pu me payer toute la propriété de l'Écheveau. Alors les 20 millions et quelque de travaux…

Traduction : vous pouvez toujours courir !

Prochasson ajoute, impressionné :

– Je dois également dire que monsieur Mitterrand était l'ami de monsieur Pelat et que je ne pouvais pas ne pas avoir confiance en monsieur Pelat. J'ai même participé à une chasse avec les deux…

Du coup, le petit patron renvoie les factures à Gilbert Simonet, qui les ventilera sur d'autres chantiers. Et le tour est joué.

Pour comprendre le rôle exact de l'ami du Président dans ce micmac politico-financier, le juge passe aussitôt à la vitesse supérieure et décide de « procéder à l'environnement financier complet » de Patrice Pelat. Et quand Jean-Pierre dit complet, c'est vraiment complet ! Le juge a parfaitement le droit d'enquêter sur une personne disparue – en 1989 – et a donc toute latitude pour fouiller dans les affaires de Pelat, même si celui-ci n'était pas n'importe qui, même s'il avait des relations haut placées…

Il réclame et obtient la liste de tous ses comptes, de toutes ses participations dans des sociétés, l'état de son patrimoine et l'ensemble des mouvements sur ses fonds bancaires. En outre, il se fait remettre l'acte de vente du château de l'Écheveau en Sologne et, enfin, le double de son testament et de sa succession. Toutes les activités financières de Pelat sont mises à plat, sa vie est étalée au grand jour.

Le juge Jean-Pierre va-t-il trop loin ? Outrepasse-t-il ses droits ? La question en tout cas fait violemment débat. Certains juristes (surtout à gauche) estiment que des investigations judiciaires aussi poussées sont excessives et ils dénoncent une opération purement politique, un acharnement judiciaire contre le pouvoir qui viserait essentiellement le président de la République.

Pour comprendre la question qui va agiter le monde judiciaire et politique, il faut savoir qu'un juge d'instruction n'est censé enquêter que sur certains faits précis. S'il désire aller plus loin, notamment parce qu'il a fait des découvertes nouvelles, il doit impérativement demander l'autorisation à son procureur, lequel lui délivre alors ce qu'on appelle un « supplétif ». Ce garde-fou sert précisément à éviter des abus de la part de magistrats qui seraient tentés de chasser dans toutes les directions, sans retenue, jusqu'à trouver un petit délit ou un grand crime à instruire... Ce qu'on appelle dans le jargon judiciaire les « filets dérivants ».

Paisible, Thierry Jean-Pierre est imperméable à ce type de critique. Il considère qu'il est dans son bon droit. Les faits sont établis. Il est chargé dans ce dossier d'un abus de biens sociaux caractérisé. Le directeur de l'entreprise de bâtiment CBC n'a-t-il pas reconnu qu'il avait octroyé plus de 20 millions de francs de commission à Patrice Pelat – en travaux

– pour avoir aidé à obtenir le marché de la Corée du Nord ? Dès lors, il est normal et légitime d'établir l'environnement financier de l'homme d'affaires pour répondre au moins à une question : N'a-t-il reçu pour commission que ces 20 millions de travaux ?

Imperturbable, Thierry Jean-Pierre se rend donc en province, le 29 janvier 1993, dans une caverne d'Ali Baba, une société hautement sécurisée qui conserve – comme la loi l'exige – tous les chèques émis en France pendant cinq ans. Ici aucun classement alphabétique, on fonctionne avec un système compliqué et des codes secrets. Le juge demande tous les chèques émis par Patrice Pelat supérieurs à 1 million de francs. Évidemment c'est une somme significative, mais le magistrat semble suivre son idée et chercher une information précise. (Ses ennemis diront plus tard – mais sans preuve – qu'il savait pertinemment ce qu'il cherchait.)

Thierry Jean-Pierre met ainsi au jour un certain nombre de dépenses. Nous avons déjà évoqué plusieurs d'entre elles, dont les aides à la presse et les achats d'actions, mais c'est un chèque de 1 million de francs – tout rond – qui va retenir son attention. Il a été établi le 18 septembre 1986 à l'ordre de maître Bernard Guillemin. Pour comprendre à quoi correspond cette somme, Thierry Jean-Pierre perquisitionne le lendemain l'étude du notaire parisien, en présence du procureur et d'un représentant de la chambre des notaires. Il découvre que ce chèque a servi partiellement à l'achat d'un appartement 62, rue des Belle-Feuilles (Paris XVIe), acquis par monsieur et madame Pierre Bérégovoy, le 25 septembre 1986, pour le prix de 2 475 000 francs.

S'enclenche alors l'une des plus importantes affaires de la Ve République. Et en tout cas, l'une des plus tragiques.

*

* *

Le 3 février 1993, *le Canard enchaîné* révèle l'affaire du « prêt Pelat ». Elle déchaîne les médias et entraîne un tourbillon de questions : Comment Pierre Bérégovoy, qui paraît la probité et l'honnêteté personnifiées, lui qui s'est présenté comme le champion de la lutte anticorruption, comment cet homme issu du peuple, devenu le symbole d'une gauche ouverte et généreuse, a-t-il pu accepter le prêt privé d'un riche homme d'affaires pour acheter un appartement dans les beaux quartiers de Paris ? Les précisions apportées par Pierre Bérégovoy ne font qu'accentuer le trouble. Il déclare lors d'une conférence de presse : « Tout ce qui a été écrit dans la presse est juste en ce qui concerne le prêt que mon ami Pelat m'a consenti. Ce prêt a été déclaré dans un acte notarié, j'ai demandé moi-même qu'il soit déclaré à l'Administration fiscale par souci de transparence et d'honnêteté. Je considère que je n'ai rien à me reprocher. Pour le reste, à chacun de me juger en conscience. Vous me connaissez, l'opinion me connaît. Je n'ai jamais accepté de dispenser une faveur quelconque à qui que ce soit. Je continuerai. »

Mais Pierre Bérégovoy refuse d'indiquer quand et comment ce prêt a été remboursé. On saura, en revanche, très rapidement dans quelles circonstances exactes il a été accordé.

Tout remonte à septembre 1986. La gauche vient de perdre les élections législatives et la première cohabitation se met en place. Nul ne peut dire combien de temps elle va durer et si le président Mitterrand se représentera deux ans plus tard. Pierre Bérégovoy vient de quitter le ministère des Finances et se retrouve brutalement dans l'opposition. Il est pour l'instant sans activité et craint de perdre son appartement de fonction quai Branly. C'est alors que sa famille s'inquiète de l'avenir. Son épouse n'envisage pas de revenir habiter à Clichy où le couple a résidé pendant des années. Elle désire un petit « chez elle » et un appartement parisien plus en phase avec leur nouveau statut social et leurs nouvelles relations. Pierre Bérégovoy, selon ses collaborateurs, n'est pas très emballé par cette idée. De plus, lui qui a commencé sa carrière à la SNCF et à Gaz de France ne dispose pas d'une fortune personnelle et ne possède pas suffisamment d'économies pour acquérir un tel bien. Par la suite, certains, d'une façon un peu paradoxale, en feront la preuve de son honnêteté, comme s'il était étonnant qu'un homme politique n'ait pas profité de ses fonctions pour s'enrichir !

Gilberte Bérégovoy racontera à Philippe Labi et à Christiane Rimbaud les conditions de cet achat : « Nous souhaitions quitter le quai Branly où nous habitions. On cherchait un appartement à acheter. J'avais été en visiter un à Montmartre qui me plaisait et que je regrette encore. Nous étions sur le point de l'acheter, mais Pierre a estimé que c'était impossible. "Nous aurons trop de remboursements à faire", a-t-il considéré. Peu de temps après, lors d'une rencontre avec Roger-Patrice Pelat, nous évoquons nos projets, dont celui-ci. Là, Pelat se met en colère : "Mais pourquoi ne me l'as-tu pas dit ? J'aurais pu t'aider !", explique-t-il à Pierre. Si bien que lorsqu'on a repéré la rue des Belles-Feuilles, il nous a prêté de l'argent pour l'acquérir. Tout s'est fait devant notaire, et il n'y a jamais eu le moindre doute là-dessus. Et nous avons remboursé ! Tout ! Et normalement. »

Ce dernier point, on va le voir, va faire largement polémique… Ce qui est certain, c'est que le logement des Belles- Feuilles a été acheté 2 475 000 francs, ce qui est plutôt cher pour un appartement de 100 m² situé dans un ensemble moderne dénué de charme. Seul luxe, il est situé dans le secteur le plus chic du XVIe arrondissement, à deux pas de l'avenue Foch et du bois de Boulogne. Outre leur petit apport personnel, les Bérégovoy vont contracter deux emprunts, l'un auprès de la BNP, l'autre à l'Assemblée nationale. Et, pour boucler leur budget, ils acceptent le million de francs de l'ami Pelat. Pierre Bérégovoy tient absolument à régulariser ce prêt, il fait une reconnaissance de dette à Patrice et surtout le déclare sous seing privé devant un notaire. Il est d'ailleurs enregistré au centre des impôts de Nevers Nord (folio 36, bordereau 442/1.) C'est là que le juge le déniche et s'aperçoit qu'il s'agit d'un « prêt sans intérêts », remboursable au plus tard « le 31 décembre 1995 ».

Immédiatement Thierry Jean-Pierre se pose des questions : Ce « prêt/libéralité », comme il l'appelle, serait-il la contrepartie d'un service ou d'une intervention, ce qui constituerait la preuve d'un trafic d'influence ? En outre, ce prêt a-t-il été remboursé ou s'agit-il d'un don pur et simple ?

Dans le premier cas, le magistrat pense bien évidemment à l'affaire de l'hôtel de Corée. Pourquoi pas un remerciement de Pelat au ministre des Finances qui aurait autorisé le prêt à Pyongyang ? Il récupère donc aussitôt le dossier de la Coface, dont l'analyse permet de clarifier la situation : début 1984, la Corée devait encore à la France quelque 834 millions de francs. Elle en réclame maintenant 440 pour ce nouveau projet. Mais le juge découvre un élément inédit : contrairement à ce qu'il supposait, le ministère des Finances s'est radicalement opposé à l'obtention de ce nouveau prêt.

Bérégovoy le fait savoir lui-même quelques jours après, en confiant à *Paris Match* la lettre qu'il a adressée à l'époque au Premier ministre Laurent Fabius. Il y disait son opposition totale à cette aide à la Corée. Pourtant, Fabius donnera finalement son feu vert à l'opération, à condition cependant que les Coréens s'engagent à rembourser leurs dettes en plusieurs fois. Ils ne vont régler en réalité que deux versements et la construction de l'hôtel finira par être stoppée. Mais entre-temps, la CBC continue, jusqu'en 1991, à travailler avec Pyongyang, et à engranger des bénéfices...

L'accusation de trafic d'influence contre Bérégovoy tombe donc à plat. Le juge se demande alors si Pelat ne serait pas intervenu directement auprès de Fabius, mais il n'en a pas le début d'une preuve.

Néanmoins sa deuxième interrogation demeure valable : ce prêt sans intérêts est-il un pur cadeau ou a-t-il été remboursé d'une façon ou d'une autre ?

*

* *

Dès le début, les suspicions du juge révulsent le Président. Elles le blessent personnellement car elles attaquent la mémoire de son ami le plus cher qui, de surcroît, ne peut se défendre. Il est scandalisé qu'on fouille dans ses affaires, qu'on salisse son nom à nouveau et qu'on bouscule sa famille. Il va donc utiliser toutes les armes dont il dispose (et il en a beaucoup) pour stopper et, si possible, « briser » le petit juge du Mans.

Premier missile en direction du magistrat : stopper son enquête.

Après la découverte du prêt, le juge Jean-Pierre a demandé un supplétif à son procureur. La réponse fuse. Le ministère de la Justice ordonne au magistrat d'arrêter sur-le-champ son instruction concernant le fameux chèque. La Chancellerie estime que « le prêt » de Pierre Bérégovoy ne constitue pas un délit. « Circulez, il n'y a rien à voir... » Le petit juge rend coup sur coup. Il prend note qu'il ne peut désormais enquêter ni sur le chèque ni sur le prêt et accuse le ministère de violer le code de procédure pénale. Selon lui, la Chancellerie n'a pas le droit d'arrêter une instruction en cours.

Mais juste avant le clash, il entreprend deux démarches essentielles.

D'abord, il indique que le prêt n'a pas été enregistré, après la mort de Patrice Pelat, dans sa succession, à la date du 6 septembre 1989. Et s'étonne de cet oubli car la famille a pensé, par exemple, à déclarer une collection d'objets d'Extrême-Orient expertisée 526 700 francs. Thierry Jean-Pierre en déduit que ce million de francs constitue bel et bien un cadeau à Pierre Bérégovoy. Dans la foulée, Il convoque les deux fils Pelat, Olivier et Patrice.

À trente-quatre ans, Olivier a un physique de playboy dans une carrure de rugbyman. Habillé avec raffinement chez les plus grands faiseurs, il a hérité de la mâchoire carrée de son père et aussi de son sens des affaires. Il commence par contester, plan cadastral à l'appui, que d'importants travaux aient été effectués gracieusement dans la propriété familiale (et notamment la création de deux étangs). Il demande au juge de venir lui-même vérifier sur place et de ne pas se contenter des factures et des déclarations des divers entrepreneurs.

Mais surtout Olivier, le premier, dévoile la stratégie familiale. Une explication tarabiscotée qui, au lieu d'éteindre l'incendie, va le propager. Et enfoncer l'ami que l'on désirait tant préserver…

À entendre Olivier, trois ans après la mort de son père, les impôts se seraient étonnés de ce prêt non justifié. Jacqueline Pelat aurait alors expliqué que, du vivant de son mari, la moitié avait été déjà remboursée (500 000 francs) « en nature, sous forme de meubles, de livres anciens et de divers autres objets, par monsieur Bérégovoy ». Elle aurait même rédigé une attestation en ce sens.

En ce qui concerne l'autre moitié, elle a vraiment été réglée, par chèque, et créditée sur l'indivision à la fin de 1992 par Bérégovoy. Ne reste plus que le mystère des premiers 500 000 francs.

L'aîné des Pelat, Patrice Junior, est entendu dans la foulée. Playboy également, mais dans un style plus Riviera, avec Ray-Ban et polo Ralph Lauren, il est connu pour son carnet d'adresses fourni et ses emportements d'adolescent. Il confirme mot pour mot l'explication de la famille mais apporte sans le vouloir une précision importante en affirmant que l'intervention du fisc a eu lieu fin 1992. C'est-à-dire presque un an après le début des investigations du juge. Détail qui donne à réfléchir…

L'explication abracadabrantesque du remboursement des premiers 500 000 francs en œuvres d'art va devenir un sujet de raillerie dans la presse et dans l'opinion. Personne n'imagine en effet que ce brave Bérégovoy abrite chez lui des meubles et des ouvrages de prix susceptibles d'honorer un demi-million de dettes. Même si l'explication reposait sur un début de réalité : Pierre Bérégovoy aurait bien offert à son ami Patrice deux petites statuettes. Mais leur valeur serait très loin d'atteindre une telle somme… Alors, qui a concocté ce mauvais scénario ?

Tous les regards se portent vers l'Élysée. À la demande du Président, c'est encore Michel Charasse, à ce moment-là ministre du Budget, qui est à la manœuvre.

Les journalistes de l'AFP accrédités à l'Élysée Pierre Favier et Michel Martin-Roland ont interrogé en 1999 à la fois le plus proche collaborateur de Pierre Bérégovoy, Olivier Rousselle, et Michel Charasse.

Olivier Rousselle raconte : « En 1989, au moment de l'affaire Pechiney qui mettait en cause Pelat, Bérégovoy, alors ministre des Finances, a déjà remboursé près de la moitié de sa dette. Il nous demande s'il ne doit pas emprunter ailleurs pour s'acquitter au plus vite du reste, craignant que l'on pense, si l'affaire venait à être connue, qu'il est à l'origine des informations privilégiées dont a bénéficié Patrice Pelat dans l'épisode Pechiney. Nous lui conseillons, Hervé Hannoun et moi, de n'en rien faire car il risquerait ainsi au contraire de donner l'impression de se couvrir. Et quand on apprend que *Le Canard enchaîné* s'apprête à sortir l'histoire, Michel Charasse suggère aux deux fils de Pelat de dire que les quelque 500 000 francs restants ont été remboursés sous forme d'antiquités. » […]

Les journalistes posent la question à l'intéressé : « Charasse reste vague, expliquent-ils. Il assure qu'il y a eu "remboursement partiel sous forme d'objets", et il parle "d'une armoire, de chenets et de livres anciens", tout en considérant qu'il n'y en avait "pas pour un demi-million de francs comme les fils Pelat et Bérégovoy devaient l'affirmer". »

Quoi qu'il en soit, d'après nos informations, Michel Charasse envisage même à cette occasion un stratagème purement incroyable. Il arrive dans le bureau du Premier ministre, avec le directeur général des Impôts. Pierre Bérégovoy est, lui, accompagné de son avocat et ami, Patrick Maisonneuve. À la stupéfaction générale, Charasse propose d'établir une liste d'objets et de livres anciens que Bérégovoy aurait donnés à Pelat, puis il ajoute tranquillement : « Nous allons l'antidater et la contresigner comme si elle avait était faite à l'époque ! » Selon les témoins présents, Bérégovoy ne réagit pas, figé, comme pétrifié. Le directeur des Impôts, lui, passe par toutes les couleurs de l'arc-en-ciel et enfin, rompant un silence gêné, l'avocat s'exclame : « Je vous déconseille fortement de fabriquer un faux et c'est bien simple, si vous le faites, moi, je m'en vais ! » À ce moment-là, Bérégovoy sort soudain de sa torpeur et déclare : « Vous avez raison, c'est hors de question ! »

Le lendemain, le directeur général des Impôts demande à l'avocat de passer à son bureau au ministère des Finances. Il le reçoit pour le remercier de son intervention de la veille. Mais ce n'est pas tout à fait le hasard si un proche collaborateur du haut fonctionnaire assiste à l'entretien. Il est là pour témoigner qu'il n'a pas été donné suite à cette proposition des plus extravagantes…

Autre épisode dans cette guerre froide où s'affrontent le Président et le juge : toujours dans le numéro du 3 février 1993, *Le Canard enchaîné* révèle que le parquet, à la demande du ministère de la Justice, souhaite ouvrir une information contre le juge Jean-Pierre pour « violation du secret de l'instruction ». Deux gendarmes ont rapporté à leur hiérarchie avoir vu le juge en compagnie d'un journaliste à la sortie de son bureau. L'aubaine est trop bonne de mettre en cause le juge trublion. Pourtant cette rencontre – si elle est confirmée – n'a rien d'illégal et les journalistes ont parfaitement le droit de rencontrer des magistrats, surtout dans un palais de justice… Rien dans cette « révélation » ne prouve que le secret de l'instruction aurait été violé. De surcroît, les gendarmes, entendus par la police parisienne, refusent catégoriquement de témoigner. L'affaire se dégonfle d'elle-même. Le juge Jean-Pierre n'a pas coulé. Pas cette fois.

Et il n'y aura pas d'autre fois car l'irréductible petit juge réserve à sa hiérarchie un coup de théâtre que personne n'a vu venir…

Reprenons. Le 15 février, Thierry Jean-Pierre a donc appris qu'il n'avait plus le droit d'enquêter sur le prêt Bérégovoy. L'ordre du ministère de la Justice est formel. Jean-Pierre a beau être toujours prêt à monter à l'assaut, il comprend que, cette fois, il est bloqué. Le pouvoir va lui mettre en permanence des bâtons dans les roues. Alors il prend les devants et la Justice de court. Le lendemain, 16 février, il écrit au président de la cour d'appel d'Angers pour lui demander de le récuser, arguant du fait qu'il « semble impossible de poursuivre l'instruction de ce dossier dans un climat aussi conflictuel et aussi peu serein ».

Un coup de poker judiciaire et un ultime pied-de-nez au pouvoir. Il demande en fait à la cour d'appel de statuer sur la légitimité de sa procédure. Un cadeau empoisonné. Et la Justice va faire ce qu'elle sait faire le mieux dans ces cas-là : gagner du temps. Elle ne rendra sa décision que deux ans et demi plus tard, le 11 juillet 1995 !

Elle déclare alors la procédure de Thierry Jean-Pierre nulle, estimant « qu'il a confondu ses pouvoirs d'instruction avec celui de la poursuite qui appartient au parquet ». Ainsi tous les actes concernant l'affaire Pelat sont « nuls et d'une nullité absolue pour avoir été exécutés en violation de l'article 80 du code de procédure pénale ».

Mais cela ne suffit pas, le pouvoir a la volonté d'en finir définitivement avec cette affaire et avec Jean-Pierre.

À la demande du parquet général, la Cour de cassation est saisie. Et, cette fois, elle va juger en un temps record… Moins d'un an plus tard, en février 1996, reprenant les arguments de la cour d'appel, elle déclare les investigations de Thierry Jean-Pierre illégales. Elle enterre donc définitivement le dossier Pelat.

Mais, entre-temps, avant de tirer sa révérence, le « petit juge » a lancé un dernier brûlot. Il a adressé au procureur du Mans un rapport détaillé (dit « ordonnance de soit-communiqué pour faits nouveaux »). Dans ce rapport, il détaille minutieusement les résultats de son instruction. Et sur sa lancée, il signale qu'il a adressé aux autorités suisses une commission rogatoire internationale sur les comptes de Pelat à l'étranger.

Mais surtout, il ne réclame pas moins que « la mise en examen pour abus de biens sociaux de François et Gilbert Mitterrand » !

Il estime en effet que les sommes versées au père et au fils par la société Vibrachoc ne correspondent à aucune prestation réelle.

L'Élysée s'étouffe.

À la suite de la publication intégrale du document dans *Le Point*, début janvier 1994, le Château réagit aigrement : « Un hebdomadaire publie cette semaine un certain nombre d'informations, présentées comme mettant en cause la personne du président de la République. À la lecture de cet article, il apparaît qu'aucune de ces informations ne concerne la période postérieure à l'élection du 10 mai 1981. En ce qui concerne la période antérieure, il ne pourrait s'agir que des activités professionnelles de François Mitterrand, en sa qualité d'avocat au barreau de Paris, qui n'ont jamais été mises en cause auparavant, et auxquelles il a renoncé dès son accession à la présidence de la République. »

Mais Thierry Jean-Pierre a déjà quitté Le Mans et arrêté d'instruire ce dossier. En mars 1993, la cohabitation a installé la droite au pouvoir et, dans un souci d'apaisement avec l'Élysée, le petit juge qui a déjà trop fait parler de lui est nommé en décembre conseiller au ministère de la Justice, chargé de proposer une réforme contre le blanchiment de l'argent sale.

Une réforme, inutile de le préciser, qui sera à son tour enterrée par la droite.

*

* *

Il n'empêche que depuis sa révélation le « prêt Pelat » a provoqué des ravages. Et ce véritable séisme politique va susciter un drame humain qui marquera pour longtemps les esprits.

Sept mois de malheur. D'octobre 1992 au 1er mai 1993, la vie de Pierre Bérégovoy n'est que souffrance. Chaque jour qui passe le fracasse un peu plus. Rien ne le préparait à affronter une épreuve aussi dure. Lui, considéré par l'opinion comme la part morale de cette gauche, se retrouve soudain hué, humilié, ou brocardé, et enfin abandonné.

Cette histoire de prêt Pelat le mine. Elle tourne à l'obsession. Il ne parle plus que de cela, à tout le monde, tout le temps, en battant sa coulpe et en s'accusant. « C'est immoral et impardonnable, ce que j'ai fait », répète-t-il à ses amis et à ses collaborateurs. Après quelques mots de réconfort, « Vous n'avez rien fait de mal », le président de la République se lasse de ses lamentations qui n'en finissent pas.

Pierre Bérégovoy aimerait s'extirper de cette nasse, ne plus entendre les opposants goguenards lui lancer dans les meetings électoraux « Béré, t'as pas cent briques ? », mais il est coincé. Il voudrait pouvoir parler simplement et dire : « Je n'ai pas encore tout remboursé car je n'ai pas l'argent, mais je vais bien sûr le faire. » Mais il ne peut déjuger madame Pelat qui a déclaré officiellement que la moitié du prêt avait été remboursée avec des œuvres d'art. Son avocat, Patrick Maisonneuve, a beau lui répéter tous les jours, en venant le voir à Matignon, que son dossier n'est pas pénal, rien n'y fait. Son image se détruit. Dans le public, mais surtout à ses propres yeux. Aux arguments juridiques de son avocat, le Premier ministre répond : « Mais vous aussi vous me croyez malhonnête ? »

Puis arrivent les élections législatives, perdues dans des conditions catastrophiques – et de façon prévisible – par la gauche en mars 1993. De nouveau Bérégovoy est persuadé d'être le principal responsable de cet échec. Du jour au lendemain, on lui tourne le dos, on ne l'écoute même plus dans les réunions. Le voilà assis dans un café près du PS, tout seul, comme s'il n'avait jamais existé.

« Je me souviens avec tristesse, écrira Jack Lang, d'un comité directeur du Parti socialiste, après la déroute électorale de 1993. Pierre Bérégovoy veut prendre la parole, pour calmer le jeu, apaiser les esprits. Il ne parvient pas à parler, tant le brouhaha est grand. Les camarades qui, hier, se prosternaient devant le Premier ministre lui tournent à présent le dos. Quelle tristesse a-t-il dû ressentir, quelle humiliation ! » Et de conclure avec une sévérité bien rare envers le Président tant aimé : « François Mitterrand, lui aussi, se défend de l'avoir négligé. Il affirme qu'il l'appelait, justement, tiens, oui, il s'apprêtait à lui passer un coup de fil ou à le recevoir. Pas plus que nous, avec Pierre, il n'a été comme il aurait dû. »

La famille Bérégovoy, quant à elle, est restée dans le déni avec des phrases du genre : « Enfin, secoue-toi, Pierre ! » Trouver le ton juste avec les grands dépressifs est toujours très difficile, même pour les proches. Surtout pour eux.

C'était d'autant plus douloureux pour Pierre Bérégovoy que son épouse Gilberte était à l'origine de cet achat d'appartement qu'il payait à présent au prix fort. Plusieurs personnes rapportent avoir été témoins de scènes pénibles où Pierre Bérégovoy se faisait carrément rabrouer par sa femme, lui qui se sentait déjà tellement coupable de tout.

Dans un entretien accordé à Philippe Labi et Christiane Rimbaud, celle-ci avouera : « Non je n'imaginais pas un instant qu'il puisse attenter à ses jours. Pierre n'était pas un homme à se suicider. Par moments, je doutais. Il semblait si préoccupé. Mais j'étais sûre de sa solidité, aussi lorsqu'un jour il m'a dit : "Je comprends Salengro", je lui ai répondu que "lorsque on va se suicider on ne le dit pas"… »

Une autre hantise, plus secrète, se superpose à toutes les angoisses accumulées par Pierre Bérégovoy : la crainte d'être convoqué par l'intraitable juge, que celui-ci perquisitionne à son domicile et à sa banque, et qu'on découvre que sa famille avait elle aussi bénéficié – et à plusieurs reprises – de l'aide financière de l'ami Pelat. Dans la comptabilité de Patrice Pelat, le juge retrouve en effet cinq chèques établis au nom de sa fille Lise (de novembre 1984 à avril 1985) pour une valeur de 75 000 francs.

En 2008, Jacques Follorou révèle que ces dons n'étaient pas les seuls. Selon le journaliste du *Monde*, une lettre anonyme contenant le double des comptes bancaires de Pierre Bérégovoy entre 1985 et 1988 a été adressée au magistrat. Avec une extrême précision, ce courrier fait état de plusieurs mouvements de fonds très importants, dont le versement de 640 000 francs en espèces. Sans doute de l'argent qui aurait servi à alimenter ses campagnes électorales. Selon le « corbeau », l'argent ne provenait pas, cette fois-ci, de l'ami Pelat mais d'un autre cher ami très fortuné de François Mitterrand… Des informations jamais vérifiées, mais qui, immanquablement, ont dû renforcer la détermination de l'homme politique à en finir, à stopper cette ronde diabolique qui tournoyait dans sa tête et provoquait une douleur insupportable.

*

* *

1er mai 1993. Pierre Bérégovoy est sous antidépresseurs.

À 17 h 30, l'ancien Premier ministre assiste à une remise de récompenses sportives au camping municipal de Nevers. Il est un des rares socialistes à avoir été réélus députés. Ce jour-là, il paraît apaisé, heureux d'être parmi les siens.

Pourtant sa décision est prise. Tous les détails sont prévus. Très vite il se débarrasse de son garde du corps, en lui demandant d'attendre sur place l'arrivée de son directeur de cabinet, et repart avec le chauffeur. Première halte en route au lieu dit le Peuplier isolé, et le conducteur quitte la voiture pour le laisser téléphoner quelques minutes. C'est à ce moment-là que Pierre Bérégovoy s'empare du 357 Magnum que son garde du corps range toujours dans la boîte à gants. La voiture repart pour se rendre à l'hôtel de ville, mais Bérégovoy se fait déposer le long d'un canal pour, dit-il, se promener un instant. Puis il demande au chauffeur d'aller rechercher son collègue au camping municipal où ils l'ont laissé.

Ce n'est qu'en revenant dix minutes plus tard que les deux hommes constatent l'absence de l'arme et se précipitent vers le canal.

La suite, le garde du corps la racontera à son chef, René-Georges Querry, responsable du Service de protection des hautes personnalités (SPHP). Un récit pathétique. Il découvre l'ancien Premier ministre, atteint d'une blessure à la tête, couché sur le sol, les yeux ouverts. Pierre Bérégovoy essaie désespérément de parler. Le policier, complètement paniqué, le bouscule, lui reprochant même d'avoir utilisé son arme pour se suicider ! Puis, se reprenant, il appelle les secours. Il est 18 h 19. Le blessé est transporté d'abord à l'hôpital de Nevers, puis en hélicoptère vers le Val de Grâce à Paris.

Mais c'est déjà trop tard. Pierre Bérégovoy meurt durant le transport, à 22 h 15.

La balle avait éraflé la boîte crânienne mais n'avait pas pénétré dans le cerveau. Selon les constatations des médecins, il aurait sans doute survécu s'il avait été pris immédiatement en charge.

À la demande de l'épouse de Pierre Bérégovoy, le policier qui connaissait bien la famille a quitté le Service de protection et a été muté en province. Son patron, René-Georges Querry, qui avait, deux mois auparavant, adressé une note aux gardes du corps pour leur demander de bien surveiller leur arme, a conservé ses fonctions.

Dans le portefeuille de son mari, sa veuve Gilberte découvrira ce petit mot de Georges Clemenceau qu'il avait recopié : « Mon parti m'a abandonné, mes amis m'ont trahi, je suis un homme mort. »

*

* *

Après le suicide de Pierre Bérégovoy, la réaction du Président est terrible. Devant sa tombe, François Mitterrand lance sa célèbre formule : « Toutes les explications du monde ne justifieront pas qu'on ait pu livrer aux chiens l'honneur d'un homme et finalement sa vie, au prix d'un double manquement de ses accusateurs aux lois de notre République, celles qui protègent la dignité et la liberté de chacun d'entre nous. »

En prononçant cette phrase glaciale qui jetait l'opprobre sur les juges et les journalistes, désignés comme les responsables du suicide de Pierre Bérégovoy, François Mitterrand s'adressait-il à eux seuls ?

Édith Cresson, Premier ministre juste avant Pierre Bérégovoy, exprime ce qu'elle a ressenti à ces obsèques en écoutant le Président. Elle écrit dans ses Mémoires : « C'est ce jour-là qu'il a prononcé son fameux discours sur "les chiens". » Il s'adressait au premier chef à ceux qui avaient conduit Bérévogoy au suicide, mais de façon plus profonde et subliminale, il se mettait en scène lui-même, et, partant, j'avais le sentiment, debout dans la foule figée, qu'il étendait jusqu'à moi ces accents de tragédie antique, de colère et de douleur accumulées, longtemps retenues. »

Derrière l'ombre torturée de Bérégovoy planait celle d'un autre disparu, « tué » lui aussi par les mêmes « assassins ». La diatribe sur les « chiens » peut s'appliquer mot pour mot à Patrice Pelat. Comme si François Mitterrand faisait enfin l'éloge de son vieux compagnon et dénonçait publiquement les responsables de sa mort. Un ultime adieu à l'ami irremplaçable du stalag IXC.

ÉPILOGUE

GUERRE FRATRICIDE
PELAT CONTRE PELAT

Après la disparition de François Mitterrand, le rideau tombe sur l'affaire Pelat. La famille aspire à se faire oublier. Patrice et Olivier dirigent en commun la société qu'ils ont créée et gèrent la jolie fortune que leur père leur a laissée.

Mais, soudain, comme dans le théâtre grec, la discorde s'installe entre les frères et l'un d'eux, hanté par ses propres démons, va sombrer. Un drame provoqué non pas par les dieux, mais par la malédiction de l'argent.

Et, une fois encore, les deux familles Mitterrand et Pelat vont se trouver unies face à la mort.

La disparition brutale de son père adoré laisse Patrice sans boussole. Alors, il cherche dans les plaisirs une échappatoire à son désarroi. Il épouse en deuxièmes noces une belle femme rencontrée peu de temps auparavant. Les deux tourtereaux ont un point en commun : ils peuvent dépenser sans compter et sans limite.

Appartement à Paris de quatre cent cinquante mètres carrés, jets privés, vacances dans les palaces à l'autre bout du monde… Pour ses cinquante ans, Patrice loue quinze jours une maison de star à Ibiza et paye le voyage à une vingtaine de copains. Le couple s'adonne à sa passion, le safari de luxe. Sur un cliché non daté, publié sur Facebook, on a pu voir ce beau brun costaud accroupi en attente du gros gibier, le fusil calé devant lui, et juste derrière, au deuxième plan, une jolie blonde elle aussi aux aguets. Une image de vie rêvée sur papier glacé. Celle que Patrice souhaite tant vivre et qui va lui échapper.

Demeure un point fixe, le travail avec son frère Olivier, qui gère avec lui plusieurs entreprises immobilières. L'un apporte la rigueur des chiffres, l'autre le sens du contact. Et le tandem fonctionne à merveille jusqu'au jour où un événement imprévu va les séparer à tout jamais. Olivier, éternel célibataire, vient d'avoir un enfant. L'arrivée de ce bébé inattendu, de ce futur héritier, donc, préfigure une nouvelle donne financière au sein de la lignée…

Patrice décide alors de se séparer de son frère et réclame sa part de la société. Olivier se cabre et refuse. Un arrangement est trouvé, mais très vite Patrice se dit lésé. Il se persuade qu'il a été floué dans le partage et, quatre ans plus tard, la Justice s'en mêle. Comme toujours, les procédures attisent le feu. La guerre commence, fratricide, féroce. Puis l'aîné exige de vendre la propriété de Sologne, malgré les refus réitérés d'Olivier et la peine de sa mère. Envolés, les souvenirs de fratrie heureuse… vendus pour 7 600 000 euros en 2002 à la famille Bouygues. Plus de 3 millions et demi pour chaque héritier. Pourtant, cela représente une infime partie de l'héritage paternel, d'autant plus que Jacqueline Pelat a cédé sa part à ses deux fils.

À partir de là, Patrice se lance dans des projets chimériques qui n'aboutissent pas. Les millions s'envolent. Le travail ne suit pas. Plus exactement le fameux carnet d'adresses qui fonctionnait si bien sous l'ère Mitterrand ne fait plus recette. Parfois même on oublie de rappeler le fils de l'ami du Président. L'argent s'écoule comme dans un pipe-line. Patrice maudit son cadet qui poursuit sa belle carrière tandis que lui dérive. Pendant dix ans les deux frères ne vont plus se voir, ni se parler. Un jour où ils se croisent au bar de l'hôtel Royal Monceau, ils n'échangent même pas un regard.

Chez lui, Patrice vit dans un climat de violence. Il pense qu'on n'en veut qu'à son argent. Il passe des Noëls tout seul. Désœuvré, perdu, il va dormir chez sa meilleure amie qui lui prête son petit appartement en son absence. Et la déprime le tenaille. Sévère. Il fait des séjours de plus en plus longs en clinique.

*

* *

Le 28 octobre 2013 au matin, Patrice Pelat fait livrer des fleurs sur la tombe de son père. Ses proches le trouvent étrangement calme. Comme Pierre Bérégovoy, vingt ans plus tôt, il est enfin serein. Sa décision est prise. Il glisse sous la porte de son amie une lettre manuscrite avec ces mots terribles : « Pardon à mes enfants et amis, mais je souffre trop, depuis longtemps, et je vais retrouver papa. »

Terrifiée, son amie se souvient alors d'avoir reçu trois jours avant un mail avec uniquement une photo du pont de Tancarville… Jean-Christophe Mitterrand, le copain des fêtes et des moments heureux partagés avec leurs pères, est aussitôt averti. Il se rend immédiatement à la police, quai des Orfèvres, persuadé que Patrice va se jeter de ce pont. Une lueur d'espoir surgit toutefois, car le pont est provisoirement fermé. Mais Patrice en a décidé autrement, il vient de se jeter d'un autre pont, celui de Brotonne.

Celui qui ressemblait à son père à s'y méprendre l'a rejoint vingt-quatre ans plus tard. Ironie du destin, c'est encore un fils Mitterrand, Gilbert, qui ira, seul, reconnaître le corps de son ami d'enfance.

Patrice Pelat fils est enterré au cimetière de La Ferté-Saint-Aubin dans une tombe sobre en marbre noir ornée d'une grande croix marquée « Famille Pelat ».

Deux noms sont côte à côte, inscrits en lettres d'or.

Patrice Pelat	Patrice Pelat
1918-1989	1959-2013

RÉFÉRENCES BIBLIOGRAPHIQUES DES AUTEURS, OUVRAGES ET JOURNAUX CITÉS AU FIL DES PAGES

ATTALI Jacques, *Verbatim*, tome III, Fayard, 1995. Cité pp. 181, 206-207, 215-216, 222.

BARBIER Christophe, *Les Derniers Jours de François Mitterrand*, Grasset, 1997. Cité p. 90.

BOUBLIL Alain, *Le Soulèvement du sérail*, Albin Michel, 1990. Cité pp. 168-169, 184, 218.

CONAN Éric et ROUSSO Henry, *Vichy, un passé qui ne passe pas*, Fayard, 1994. Cité pp. 76-77.

CRESSON Édith, *Histoires françaises*, Éditions du Rocher, 2006. Citée p. 288.

FAVIER Pierre et MARTIN-ROLAND Michel, La *Décennie Mitterrand*, tomes 1, 2, 3 et 4, Le Seuil, 1990-1999. Cités pp. 151-152, 167-168, 221-222, 224, 277-278.

FOLLOROU Jacques, *Bérégovoy, le dernier secret*, Fayard, 2008. Cité pp. 237, 285.

FULIGNI Bruno (ouvrage collectif), *Dans les archives inédites des Services secrets*, Gallimard, 2012. Cité pp. 73-76.

JEAN-PIERRE Thierry, *Bon appétit, messieurs !* Fixot, 1991. Cité pp. 262-264.

GIESBERT Franz-Olivier, *François Mitterrand ou la tentation de l'Histoire*, le Seuil, 1977. Cité pp. 8, 84.

GREILSAMER Laurent et SCHNEIDERMANN Daniel, *Les juges parlent*, Fayard, 1992. Cités p. 262.

HAEDRICH Marcel, *Seul avec tous*, Robert Laffont, 1973. Cité p. 56.

LABI Philippe et RIMBAUD Christiane, *Lettres à Béré*, Jean-Claude Lattès, 1995. Cités pp. 271-272, 284.

LABROUILLÈRE François et SENGÈS Gilles, *Le Piège de Wall Street*, Albin Michel, 1989. Cités p. 34.

LANG Jack, *Francois Mitterrand, Fragments de vie partagée*, Le Seuil, 2011. Cité pp. 283-284.

MALRAUX André, *L'Espoir*, Gallimard, 1937. Cité p. 18.

MITTERRAND Danielle, *Le Livre de ma mémoire*, Jean-Claude Gawsewitch Éditeur, 2007. Citée pp. 27, 41, 45-48, 52, 80-81, 115, 118.

MITTERRAND Robert, *Frère de quelqu'un*, Robert Laffont, 1988. Cité pp. 28, 85-87.

NAY Catherine, *Le Noir et le Rouge*, Grasset, 1984. Citée pp. 30, 35, 120, 142.

PÉAN Pierre, *Une jeunesse française*, Fayard, 1994. Cité pp. 26, 28-31, 36, 38, 50, 57.

PLÉNEL Edwy, *La Part d'ombre*, Stock, 1992. Cité p. 144.

TOURLIER Pierre, *Conduite à gauche*, Denoël Impacts, 2000. Cité pp. 120, 154.

Presse

Le Canard enchaîné, 3 février 1993. Cité pp. 270, 279.
L'Expansion, juillet-août 1972. Cité p. 30.
L'Express, 6 janvier 1989, 6 février 1996. Cité pp. 196, 202.
Le Figaro, 8 mars 1989. Cité pp. 217, 219-220.
Libération, 23 janvier 1989. Cité p. 38.
Le Monde, 22 janvier 1989, 2 juin au 6 juillet 1993 (procès Pechiney), 30 septembre 1989, 6 février 1993. Cités pp. 145, 203-205, 238, 244.
Paris Match, 9 février 1989. Cité pp. 205, 273.
Le Point, 30 avril 1990, 8 janvier 1994. Cités pp. 228, 281.
Paris-Presse, 10 juin 1970. Cités p. 102.

Document

« Leçons de choses de la captivité », conférence donnée par François Mitterrand le 6 mai 1947 au Théâtre Marigny. Citée p. 9.

REMERCIEMENTS À...

Jacques Attali, Mireille Billaut, Édith Boizette, Yves Bot, Alain Boublil, Mireille Carpentier, Peter Cosandey, Jean-Marie Cotteret, Jean-Michel Darrois, Irène Dayan, Roland Dumas, Pierre Duquesne, Jean-Marc Fedida, Colette Finifter, Jacques Fournet, Marie-Hélène Fremont, Pascal Gossin, Fernand Johan, Gilles Kaehlin, Jack Lang, Patrick Maisonneuve, Jean-Claude Marin, Pierre Martinez, Claude Mias, Jean-Christophe Mitterrand, Bernard Meunier, Ginette Munier, Didier Pelat, Olivier Pelat, Jean Peyrelevade, René-Georges Querry, Robert Reiplinger, Christiane et Elsa Richard, Jean-Claude Théret, Grégoire Triet, Samir Traboulsi, Olivier Schnerb...

Qui nous ont éclairés de leurs témoignages.

Et aussi à tous ceux qui ont souhaité garder l'anonymat.

Robert Badinter, Michel Charasse, Edgar Morin et Michel Rocard n'ont pas souhaité nous rencontrer.

Gilbert Mitterrand, Mazarine Pingeot et Hubert

Védrine n'ont pas donné suite à nos demandes répétées.

*
* *

Enfin, nous remercions les services de communication de la mairie de Boulogne-Billancourt et des usines Renault, Anne-Marion de la documentation de *L'Express*, Anne-Marie Belondrade, correctrice avisée et, enfin, l'équipe des Éditions Michel Lafon : Huguette Maure pour sa relecture passionnée et Pierre Fery pour avoir été, dès le début, enthousiasmé par notre projet et nous avoir accompagnés de son amitié indéfectible.

TABLE DES MATIÈRES

1 – « L'épouilleur » du stalag IXC 5

2 – Jeunesse communiste 11

3 – La guerre 21

4 – Amour et Résistance 33

5 – Le dossier militaire 16P 463363 63

6 – Vibrachoc, les ressorts de la réussite 79

7 – Le fidèle et (très) généreux « Pat » 115

8 – 10 mai 1981 : illusions et désillusions 123

9 – Vente de Vibrachoc : l'arnaque légale 133

10 – Le vice-président 149

11 – L'affaire Pechiney. Pelat piégé par la Justice 177

12 – Mort de Patrice Pelat 219

13 – Des tricheurs fringants 225

14 – L'affaire Bérégovoy 255

Épilogue 289

Références bibliographiques 293

Remerciements 297

Direction littéraire
Huguette Maure
assistée de
Laurie Beck

Mise en pages PCA
44400 Rezé

Composition
Impression réalisée par Corlet Imprimeur
14110 Condé-sur-Noireau
pour le compte des Éditions Michel Lafon

IMPRIM'VERT® PEFC™ 10-31-1510

Imprimé en France
N° d'impression : 177831
Dépôt légal : janvier 2016
ISBN : 978-2-7499-2401-4
LAF : 1924